반나절 만에 읽는

재미있는
교양 역사
이야기

반나절 만에 읽는
재미있는 교양 역사 이야기
2

김민철 지음

철학과 현실사

저자 소개

전라북도의 촌에서 태어났으나, 본인의 의지와 무관하게 두 살 때 가족의 이사로 강제 상경 당하였다. 학창 시절 내내 모범생이었으나, 고교 재학 시절 강압적 학교 분위기에 반발하다가 아이스하키 스틱으로 50대를 맞고 자의 반 타의 반으로 전학했을 뿐 아니라, 학부모들이 돈을 모아 선생님들에게 전달하는 데 반발하여 학생회를 통해 무산시키는 등 범상치만은 않은 성격이었다.

대학 입시에서 운 좋게(?) 좋은 성적을 받았으나, 이른바 '좋은 과'에 진학하라는 주변의 권유를 물리치고, 삶에 대한 궁금증을 풀고자 서울대학교 철학과에 진학하였다. 이후 박사과정을 마치기까지 20년 가까운 기간 동안 철학을 공부하였으며, 대학원 시절에는 서울대 입학보다 힘들다는 한국고등교육재단의 동양학연구장학생 선발 시험에 합격하여 하버드를 비롯한 해외 일류 대학에서 박사학위를 받을 때까지 학비와 생활비 일체를 지원받을 수 있는 자격을 얻었으나, 장기간 비행기를 타는 것이 싫다는 이유로 한국에서 공부하겠다는 무모한 선택을 한다.

서울대학교와 경기대학교, 명지대학교 등에서 강의하였으며, 2004년에는 세계적인 윤리학자인 매킨타이어의 『윤리의 역사, 도덕의 이론』을 번역하였는데, 특이하게 동양철학자가 번역한 서양철학서인 이 책은 대한민국 학술원의 우수도서 및 간행물윤리위원회의 추천도서로 선정되었다. 2006년에는 저자가 존경하는 미국의 철학자 니비슨의 『유학의 갈림길』이라는 전문 철학서적을 한 권 더 번역하였고, 2007년에는 그동안의 학문적 연구와 강의의 성과를 대중이 쉽게 접할 수 있는 교양서적의 형태로 집필하였다. 『철학 땅으로 내려오다』라는 제목의 이 책은 저자 증정본이 도착하기도 전에 한 중앙 일간지의 철학 전문 기자로부터 "책 다 읽어 갑니다. 이거 내려와도 너무 내려온 것 아닌가요?"라는 질문을 받은 뒤 '저자 초대석'에 자세히 소개되었으며, CBS 라디오의 '책과 문화'라는 코너에 초청되어 대담을 나누기도 했다. 2011년에는 여러 가지 시사 문제를 철학자의 시각에서 심층적으로 정리하고 분석한 『포르노를 허하라』라는 책을 출판하였는데, 자극적인 제목과 달리 흥미로우면서도 교육적인 내용을 담은 이 책은 그해 문화체육관광부의 우수교양도서로 선정되었다. 2016년에는 더 이상 쉬울 수 없는 생활 밀착형 인문학 서적인 『생활인문학』을 저술, 출판하여 SBS 라디오 '최영아의 책하고 놀자'에 초대받아 대담하였다. 2017년에는 『마음을 얻는 미친 리더십: 맹자의 지도자론과 민주주의』라는 책을 출판하였다.

현재는 다양한 분야의 저술 활동과 강연을 병행하고 있다.

독자 여러분께

대학 시절, 파블로프의 조건반사가 무엇인지 직접 체험한 적이 있습니다. 명강의라는 얘기를 듣고 한 수업을 들으러 갔는데, 교수님은 굵은 저음의 목소리를 가지고 계신 데다 톤이나 음량의 변화도 거의 없었습니다. 내용은 좋았지만, 수업이 시작되고 10분만 지나면 저절로 눈이 감겼습니다.

저는 졸지 않고 수업을 듣기 위해 맨 앞 열 교수님 바로 앞자리에 앉는 특단의 조치를 취했습니다. 아무래도 교수님 앞에서 뻔뻔하게 졸지는 않겠지 하는 생각에서였습니다. 하지만 삼손도 눈꺼풀은 들지 못했다는 말이 정말 절실하게 다가왔습니다. 나중에는 교수님이 문을 열고 들어오시면 바로 졸음이 쏟아지기 시작했습니다.

이후 저 자신이 강의를 하면서, 그때를 기억하며 학생들 혹은 청중들이 어떻게 하면 지루함을 느끼지 않고 흥미롭게 강의를 듣도록 할 수 있을까 고민했습니다. 사람들이 기본적으로 '어렵고 재미없다'는 생각을 가진 인문학, 그중에서도 철학을 강의하는 저로서는 정말로 중요한 고민이었습니다.

전공 수업은 좀 다릅니다만, 교양 수업이나 일반인을 대상으로 한 강의에서 "자, 이번 시간은 철학자 아무개에 대해 설명하겠습니다."라고 말하는 순간, 청중들의 반 이상은 이미 정신을 놓게 되기 때문입니다.

저 자신도 몇 번의 실패와 시행착오를 경험하면서, 스스로 다음과 같은 결론을 내렸습니다.

"재미있고 흥미로운 강의가 반드시 유익한 것은 아니지만, 재미와 흥미를 유발하지 못하는 강의는 절대로 유익할 수 없다."

아무리 유익한 내용을 강의하더라도, 아무도 귀를 기울이지 않으면 전혀 소용이 없습니다. 저는 청중들이 강의에 흥미를 가지고 집중할 수 있는 방법을 연구했고, 또 그런 방법을 끊임없이 개발했습니다. 그 가운데 제가 주목한 가장 중요한 방법은 두 가지입니다. 그리고 그 두 가지는 연결되어 있습니다.

첫째는 청중을 흥분시키는 것입니다. 예를 들어 수업을 시작할 때 "위안부가 진정으로 강제로 끌려갔나요?"라거나 "여성들은 왜 군대를 가지 않는 거죠?"와 같은 질문을 던집니다. 지금은 이런 내용들이 많이 대중화되어 있는 편입니다만, 불과 몇 년 전만 해도 이런 질문을 던지면 청중들 중 상당수가 매우 흥분해서 수업에 참여했습니다.

하지만 제가 "오늘의 수업 주제는 절대주의와 상대주의입니다."라거나 "오늘의 수업 주제는 평등입니다."라는 말로 수업을 시작했다면 어떠했을까요? 위의 두 가지 질문과 아래의 두 문장은 사실 동일한 내용을 구체적인 사례로 제시하는가 아니면 추상적으로 제시하는가의 차이만 있을 뿐인데 말입니다.

둘째는 최대한 구체적인 사례를 많이 활용하라는 것입니다. 이 방법이 위의 내용과 연결된 것임은 더 설명하지 않아도 쉽게 납득이 갈 것입니다.

여기에서 가장 어려운 문제는 어떻게 그 다양한 주제들에 관해 수업 시간마다 써먹을 수 있을 정도의 사례를 발견하는가 하는 것이었습니다. 그것도 청중이나 독자의 관심을 불러일으킬 만한 흥미로운 것으로 말입니다.

당연히 일부는 현대사회에서 논쟁이 되는 사건이 그 재료로 활용되겠지만, 그것으로는 턱없이 부족하기 마련입니다. 이럴 때 가장 유용한 것이 바로 역사입니다. 역사는 우리에게 무수히 많은 사례들을 제공해 줍니다. 현대사회의 논쟁거리도 사실은 현대사의 일부인 것입니다.

동양철학을 전공한 저는 제가 필요로 하는 이런 이야깃거리를 동양의 역사에서 찾았습니다. 그 가운데 가장 풍부한 소재를 제공하는 것은 춘추전국시대와 진한 교체기의 역사였습니다. 그 속에는 우리가 알고 있는 고사성어의 기원이 되는 사건들이나, 흥미롭고 교훈적인 내용을 동시에 제공하는 사건들로 가득합니다.

현대적인 관점에서 쓰인 역사책을 보고, 역사가 뭐 그리 재미있냐고 반문할 분들이 많을 것입니다. 현대적 관점의 역사서는 대부분 생산력과 사회제도의 변화라고 하는 이론적이고 추상적인 측면에 중점을 두고 있기 때문입니다.

물론 그런 서술 방식이 훨씬 학문적이고 논리적임을 부인할 생각은 없습니다. 하지만 역사학자가 아니라 단순히 인문학적인 교양을 얻고자 하는 사람들에게 그런 역사 서술은 지나치게 딱딱하고 재미가 없기 마련입니다. 재미있게 읽기에는 옛날이야기가 최고인 것이죠.

과거의 역사책은 실제로 그렇게 서술되었습니다. 과거에 역사를 서술하는 방식에는 크게 두 가지가 있었습니다. 하나는 연대순으로 일어난 일을 서술하는 편년체이고, 다른 하나는 특정 인물을 중심으로 그가 한 일이나 그에게 일어난 일을 서술하는 기전체라는 방식입니다.

제가 말한 시대의 역사를 담은 『국어』, 『좌전』, 『사기』와 같은 책들은 모두 두 가지 중 한 가지 방식으로 쓰여 있습니다. 그리고 이 시기의 역사를 흥미로운 소설 형식으로 재구성한 『열국지』나 『초한지』도 마찬가지입니다.

저는 이러한 책들을 읽으면서 참으로 많은 교훈을 얻었고, 정말로 재미있는 내용들을 셀 수도 없을 정도로 발견했습니다. 그리고 실제로 강의를 하거나 책을 쓸 때, 나아가 내 삶에서 고민이 생겼을 때 그 이야기들은 언제나 사막의 오아시스 같은 역할을 해 주었습니다.

동양철학을 전공한 저로서는 특히나 더 그러했습니다. 제가 동양철학을 택한 이유는 간단합니다. 서양철학을 공부할 때 남의 옷을 입은 것과 같은 느낌이었는데, 동양철학을 공부해 보니 마음이 편안했기 때문입니다.

마찬가지로 『그리스 로마 신화』나 『로마인 이야기』, 『탈무드』와 같이 유익하고 재미있는 것으로 정평이 나 있는 책들도 제게는 뭔가 어색하기만 했습니다. 그러다가 위에서 말한 책들을 읽으면서 역시 내 집 같은 편안함을 느끼게 되었습니다.

그런데 위에서 말한 책들은 일반 독자들이 접근하기에는 지나치게 어렵습니다. 심지어는 『열국지』나 『초한지』와 같은 소설들도 예외는 아닙니다. 동양학을 전공한 저조차도 처음 그 책들을 읽을 때 몇 번이나 실패하고 다시 시작한 후에야 통독을 할 수 있었고, 수십 번을 넘게 읽은 지금도 다시 한 번 읽기가 결코 쉽지 않은 것입니다.

이유는 간단합니다. 등장인물이나 사건이 워낙 많고 다양할 뿐 아니라, 복잡하게 서술되어 있기 때문입니다. 그래서 저는 몇 년 전부터 독자 여러분을 위해서 뿐만 아니라 저 자신을 위해서도 그 내용 중에 역사학자나 전문가가 아닌 일반인들에게 필요하고 유익한, 그리고 재미있고 흥미로운 내용만을 골라 읽기 좋게 재구성해야겠다고 마음먹었습니다.

그리고 이제 그 결실이 바로 이 책입니다. 이 책은 아주 가볍고 쉬워서 대다수의 사람들이 단 하루면 읽을 수 있는 내용입니다. 하지만 그 내용은 실제 역사적 사실일 뿐만 아니라, 깊은 철학적 성찰의 재료를 제공해 주는 유익한 것이기도 합니다.

이런 효과를 내기 위해서 가능한 한 필요 없는 등장인물과 사건은 과감히 삭제하고, 또 필요한 경우에는 내용을 일부 번안하여 오직 쉽고 재미있게 읽을 수 있도록 하는 데 중점을 두었습니다. 보다 정확한 혹은 자세한 내용에 대한 이해를 필요로 하는 분들은 자연스럽게 더 깊이 있는 책을 찾아 가실 것이니 말입니다.

어떤 분들은 이 책이 고사성어 해설판 정도가 아니냐고 물으실 수도 있습니다. 하지만 이 책은 중요한 사건 중심으로 짤막하게 서술하되, 실제 역사의 흐름을 따라갈 수 있도록 설계되었습니다. 아무 생각 없이 단순한 흥미를 목적으로 이 책을 읽더라도, 자신도 모르는 사이에 실제 역사의 큰 흐름을 포착할 수 있는 것입니다.

사실 나름 학자적인 입장에서 위에서 말한 책들을 열심히 읽어 보아도 실제로 남는 것은 이런 내용밖에 없습니다. 정말 지엽적이고 복잡하며 세부적인 내용들은 학문 연구라는 목적상 정말 필요할 때 다시 찾아볼 수밖에 없는 것입니다.

이렇게 중요하고 재미있는 내용들만 뽑아 재구성하여 서술해 보니, 저 자신도 앞으로 수십 번은 더 유익하고도 흥미진진하게 읽을 수 있을 듯하여 아주 기쁘고 흐뭇합니다.

독자 여러분께서도 이 책을 통해 재미와 유익함이라는 두 마리 토끼를 잡으시기를 바랍니다.

감사합니다.

2018년 2월 경기도 광주의 서재에서

1.

나아갈 때와 물러날 때를 알아야 한다 ─『손자병법』

오나라 수도로 향하던 오자서는 어느 마을에서 건장한 장사 한 사람을 만나게 된다. 한눈에 비범한 인물임을 알아본 오자서는 그를 뒤따라가 통성명을 했다. 그 장사의 이름은 전제였다. 전제의 집에 들어가 술을 마시며 서로 대화를 나누다가 의기투합한 두 영웅은 결의형제를 맺기에 이른다. 나이가 많은 오자서가 형님이 되고, 전제는 아우가 되었다. 오자서가 자신의 사정을 솔직하게 털어놓은 뒤 말했다.

"나는 이제 오나라 왕을 섬겨 기회를 엿볼 작정이네."

"형님께서는 왕을 섬기기보다 공자 광과 친분을 갖도록 하십시오."

"공자 광은 어떤 사람이기에 그런 권유를 하는가?"

"현 왕의 할아버지에게는 네 아들이 있었습니다. 그는 막내아들이 가장 현명하고 인자하여 그를 세자로 삼고자 했지만 막내아들은 끝내 사양했습니다. 그래서 왕은 장자에게 왕위를 전하면서, 왕위를 물려줄 사정이 생기면 아들이 아니라 동생에게 순서대로 왕위를 물려주어 막내에게까지 이르도록 하라고 유언했습니다. 불행히 세 아들이 모두 오래 살지 못하였는데, 막내는 끝까지 왕의 자리에 오르기를 고사했습니다.

그렇다면 누가 왕위를 이어받는 것이 마땅할까요? 공자 광은 장자의 장자요, 현재의 왕은 마지막으로 왕위에 올랐던 셋째 아들의 장자입니다. 서열로 보면 공자 광이 왕위에 올라야 하는데, 욕심이 많은 현 왕이 먼저 왕좌를 차지한 것입니다. 따라서 공자 광은 현 왕에 대한 불만을 가지고 왕위를 노리고 있습니다.

게다가 그는 야심가일 뿐 아니라, 훌륭한 인물을 대접할 줄 아는 사람입니다. 후일을 생각하면 왕보다 그를 가까이하는 것이 좋을 것입니다."

"동생이 오나라 정세를 이토록 상세히 설명해 주니 참으로 고맙네. 후에 내가 반드시 동생을 부를 날이 있을 것일세."

오자서는 공자 승을 데리고 오나라 수도로 갔다.

오자서가 오나라 수도에서 길을 찾아 헤매던 중, 한 사람이 다가와 말을 걸었다.

"당신은 보통 분이 아니시군요."

"무슨 소리요? 당신은 도대체 누군데 그런 말을 하는 거요?"

그 사람은 오자서를 조용한 곳으로 안내한 뒤 말했다.

"저는 이 나라에게 작은 관직을 맡고 있는 피리라고 합니다. 하지만 실제로는 공자 광을 섬기고 있지요. 공자께서는 제가 관상을 보는 데 능하다는 점을 높이 사서서, 저로 하여금 초야에 묻혀 있는 영웅호걸을 찾아내어 데리고 오는 임무를 맡기셨습니다. 그런데 선생과 같은 비범한 관상은 처음 봅니다. 그대는 오자서라는 분이 아니신지요?"

오자서는 잘되었다 싶어 자신의 신분을 솔직하게 밝혔다. 피리는 오자서를 공자 광에게 인도했고, 공자 광은 오자서를 매우 후하게 대접했다. 두 사람은 매우 가까운 사이가 되었다.

그러던 어느 날 오자서가 기회를 보아 공자 광에게 말했다.

"공자께서는 제가 원수 갚는 것을 도와주실 수 있는지요?"

"선생께서 내가 왕위를 되찾는 일을 도와주면, 나도 선생의 소원을 들어드리겠소. 선생과 같은 영웅호걸이 몇 명만 더 있어도 좋겠소만…"

"뛰어난 장사가 한 사람 있습니다."

오자서는 전제의 이야기를 했고, 공자 광은 오자서의 안내를 받아 직접 그의 집에 찾아갔다. 공자 광이 전제에게 먼저 존경의 뜻을 표하자 전제는 황송하여 어쩔 줄 몰랐다. 공자 광은 전제의 어머니에게도 자식의 예로 인사를 드렸다.

이후 공자 광은 전제의 집에 매일 곡식과 고기, 비단을 보내었고, 종종 직접 전제의 어머니에게 문안 인사도 드렸다. 전제는 공자 광의 은혜에 진심으로 깊이 감사했다.

그러던 어느 날 전제가 공자 광에게 말했다.

"보잘것없는 제게 이런 은혜를 베풀어 주시니, 어찌 갚아야 할지 모르겠습니다. 저를 필요로 하는 일이 있다면 언제든 분부만 하십시오."

공자 광은 오왕을 없애고 왕위를 되찾을 계획을 밝혔다. 그러자 전제가 말했다.

"왕은 의심이 많아 경호가 매우 철저하다 합니다. 그에게 접근하기 위해서는 비상한 수단이 필요합니다. 그가 특별히 좋아하는 것이 있습니까?"

"그는 양념을 발라 불에 구운 생선을 좋아하네."

"잘 알겠습니다. 그럼 이제부터 저는 생선 요리를 배우러 떠나겠습니다. 그런데 이 일을 하자면 저는 살아남기 힘들 것이니 노모가 걱정일 뿐입니다."

"그대의 가족은 곧 나의 가족일세. 내 그대의 어머니를 내 어머니로 모시고, 그대의 자식을 내 자식처럼 키우겠네."

전제는 호숫가에 가서 3개월 동안 양념 바른 생선 요리를 배우고 돌아왔다. 공자 광은 사람들을 시켜 전제의 생선 요리 솜씨가 대단함을 왕의 귀에 들어갈 수 있도록 소문냈다.

그런 와중에 초평왕이 병으로 죽고, 세자가 왕위를 물려받았다. 소식을 들은 오자서는 대성통곡했다. 공자 광이 의아해서 물었다.

"초평왕은 선생의 원수가 아닙니까? 원수가 죽었는데 왜 그리 슬퍼하십니까?"

"제 손으로 철천지원수의 머리를 베어 효수하지 못하고 그놈이 병으로 편히 죽도록 하였으니 어찌 슬프지 않겠습니까?"

공자 광은 오자서를 위로하고, 가능한 한 빨리 계획을 실행에 옮기기로 했다.

며칠 뒤 공자 광은 전제에게 검 하나를 건네주며 말했다.

"이것은 선왕께서 내게 주신 명검으로 이름은 어장(魚腸)이라 하네. 길이는 짧지만 쇠도 무처럼 벨 수 있을 정도로 날카롭다네. 나는 조만간 오왕을 내 집으로 초대할 것이니 다음 일은 오직 자네만 믿도록 하겠네."

그러고는 궁에 들어가 오왕에게 말했다.

"얼마 전 생선 요리로 유명한 사람이 있다 하여 데려다가 요리를 시켜 본 적이 있습니다. 과연 소문대로 놀라운 맛이었습니다. 신은 왕께서 생선 요리를 좋아하시는 줄 아는지라 그 사람을 저의 집에 머물게 했습니다. 왕께서 한번 행차하시어 맛을 보시는 것이 어떻겠습니까?"

"알겠소. 내일 형님의 댁으로 가겠소."

왕이 공자 광의 집으로 갈 준비를 하는데, 왕의 어머니가 말했다.

"공자 광은 커다란 야심을 가지고 있는 사람이오. 지금이라도 취소하는 것이 좋지 않겠소?"

"단단히 준비를 할 테니 걱정하지 마십시오."

오왕은 옷 속에 쇠로 만든 갑옷을 껴입었으며, 완전무장한 무사들이 좌우에 도열하여 요리사가 음식을 바칠 때마다 온몸을 조사했다. 그러고도 모자라 요리를 바치는 모든 이들은 무릎으로 기어 들어갔다가 나오도록 했다.

마침내 전제가 생선 요리를 들고 나왔다. 무사들이 전제의 몸을 샅샅이 뒤졌으나 아무것도 나오지 않았다. 그도 그럴 것이 명검 어장은 생선의 배 속에 들어 있었던 것이다. 오왕은 생선 냄새를 맡고 기분이 좋아졌다. 전제가 왕에게 말했다.

"이 생선은 굽는 방법도 중요하지만, 살을 어떻게 바르느냐에 따라서도 맛이 크게 달라집니다. 제가 왕께 살을 발라 드리겠습니다."

"좋다. 그렇게 하라."

전제가 왕 앞에 생선 접시를 놓고 살을 바르는 척했다. 왕이 생선 냄새에 이끌려 몸을 앞으로 구부리는 순간, 전제는 번개처럼 어장을 들어 왕의 가슴을 찔렀다. 어장은 쇠로 된 갑옷을 종잇장처럼 뚫고 왕의 심장을 꿰뚫었다. 그러고는 전제도 무사들의 칼에 맞아 그 자리에서 숨을 거두고 말았다.

공자 광은 미리 준비한 병력으로 혼란을 진압하고, 궁으로 가서 왕위에 올라 스스로 합려라 칭한 뒤 말했다.

"앞으로 오자서 선생은 신하가 아닌 국빈의 예로 대할 것이다."

그리고 오자서에게는 곧 초나라를 쳐서 원수를 갚아 주겠다고 약속했다.

얼마 후 초나라에서 백비라는 자가 오자서를 찾아와 오나라로 망명할 뜻을 밝혔다. 그는 초나라 대신의 아들로, 그의 아버지도 비무극에게 모함을 당해 죽었던 것이다. 오자서는 매우 반가워하며 그를 오왕 합려에게 소개했다. 합려 역시 매우 반가워했다. 그런데 오왕 합려 옆에 있던 관상쟁이 피리가 오자서의 귀에 대고 은밀히 말했다.

"백비는 잔인하고 욕심이 많아 배신할 상을 가졌습니다. 가까이 하지 마십시오."

하지만 오자서는 피리의 말을 귀담아듣지 않았다.

전 왕의 문제가 일단락되고 국내 정세가 안정되자 오자서와 백비는 합려에게 나아가 부탁했다.

"이제는 초나라를 쳐서 저희들의 원수를 갚아 주십시오."

"저도 그러고 싶은 마음은 굴뚝같소만, 우리나라는 초나라보다 훨씬 작고 군사도 비교가 되지 않으니 그 점이 걱정입니다."

그 애기를 들은 오자서가 말했다.

"얼마 전 저는 은둔해 사는 손무라는 선비 하나를 알게 되었습니다. 그는 병법뿐 아니라 천문 및 지리에도 통달한 사람입니다. 그가 지은 병법 13권은 군사를 운용하는 법을 넘어, 세상만사에 적용되지 않는 곳이 없습니다. 그를 등용하신다면 초나라 따위는 두려울 것이 없습니다."

오왕 합려는 기뻐하며 손무를 불러오라 하여 만나 보았다. 손무는 자신이 지은『손자병법』13권을 바치고는, 합려의 질문에 막힘 없이 대답했다. 합려는 기뻐하며 손무에게 말하였다.

"선생의 식견은 천지의 이치를 꿰뚫고 있습니다. 하지만 우리나라의 적은 병력으로 초나라의 대군을 물리치는 것이 가능하겠습니까?"

"신의 병법에 따르기만 하면 아녀자를 데리고 가서도 싸움에 이길 수 있습니다."

"하하하… 농담도 잘하십니다. 어찌 아녀자들을 훈련시켜 전쟁에 쓸 수 있단 말입니까?"

"제가 어찌 왕께 농담을 하겠습니까? 믿지 못하신다면 왕의 궁녀들을 직접 훈련시켜 보이겠습니다. 궁녀들을 집합시켜 주시고, 부대를 인솔할 장수가 필요하니 왕께서 총애하는 후궁 두 사람만 뽑아 주십시오."

합려는 손무의 청을 허락하였다.

왕은 대 위에서 구경을 하고, 손무는 뜰에서 궁녀들을 훈련시켰다. 그는 궁녀를 두 부대로 나누고, 장수로 뽑힌 후궁 두 사람으로 하여금 각 부대를 인솔하도록 한 뒤 말한다.

"이제부터 군법에 따라 질서 있게 행동하여 혼란을 일으켜서는 안 되며 함부로 떠들어서도 안 된다. 북을 한 번 치면 앞으로 나아가고, 두 번 치면 좌우로 선회하고, 쇠징을 치면 퇴각하라."

그러고는 북을 울리도록 시켰다. 그러나 처음으로 갑옷과 투구, 방패와 칼을 착용한 궁녀들은 키득키득 웃기만 했다. 손무는 엄하게 주의를 주고, 다시 한 번 북을 치게 했다. 그러나 상황은 전혀 변하지 않았다.

손무는 부하 장수를 불러 물었다.

"거듭 명령을 어기면 그 장수는 어떤 벌에 해당하는가?"

"참형에 해당합니다."

"그렇다면 즉시 두 대장을 끌어내어 참하도록 하라."

두 궁녀가 끌려가는 모습을 본 합려는 깜짝 놀라 사람을 보내어 왕의 명령이니 두 사람을 용서해 주라고 했다. 손무가 말했다.

"군법은 엄중하기 그지없으며, 장군이 군중에 있을 때는 왕의 명령도 받지 않는 법이다. 법을 어기고 죄인을 용서해 준다면 어찌 군율이 서겠는가? 두 사람을 속히 참하여라."

두 궁녀의 목이 떨어지자 나머지 모든 궁녀들은 두려움에 얼굴이 창백해졌다. 손무가 새로 대장을 뽑고 북을 울리자 궁녀들은 한 치의 실수도 없이 명령에 따라 움직였다. 그 질서정연함은 오랫동안 훈련을 받은 정예병과 다를 바가 없었다.

합려는 한편으로는 슬프면서도 다른 한편으로는 놀라워하며, 손무를 대장군으로 삼아 초나라 정벌을 일임했다.

손무는 대군을 이끌고 출정했다. 동시에 오왕은 월나라에 사신을 보내어 함께 초나라를 치자고 청했지만, 월나라는 이를 거부했다. 하지만 손무의 지휘에 따라 오나라 군대는 연전연승을 거듭했고, 초나라 대군은 추풍낙엽처럼 쓰러져 나갔다. 마침내 초왕은 달아나고, 오군은 초나라 수도를 점령했다.

오자서가 합려에게 말했다.

"이제 종묘를 부숴 버리고, 초나라를 없애 버리십시오. 그리고 초평왕과 비무극의 시체를 제게 주시어 원수를 갚도록 허락해 주십시오."

간신 비무극도 모함을 일삼다가 반대파에 의해 이미 죽음을 당한 뒤였던 것이다. 손무는 반대했다.

"모든 일은 의(義)로워야 명분이 서고, 천하 사람들의 지지를 받을 수 있습니다. 이제 공자 승을 초왕으로 삼아 종묘사직을 지키게 하십시오. 그러면 초나라 백성들도 안심할 것이며, 초나라는 대대로 우리나라를 섬길 것입니다. 그래야 명분과 실리 두 가지를 챙길 수 있습니다."

하지만 합려는 초왕을 죽이고 초나라를 합병해 버리려는 욕심에 손무의 말에는 귀를 기울이지 않았다.

"종묘를 불사르고 초왕을 추격해 잡아 오도록 하라."

그러고 나서 오자서에게 말했다.

"선생께서는 내게 초나라를 주었는데, 내가 어찌 한낱 시체를 아끼겠습니까? 선생 뜻대로 하십시오."

손무는 한탄했고, 오자서는 기뻐하며 물러갔다.

하지만 비무극과 초평왕의 무덤을 찾는 일은 쉽지 않았다. 두 사람 다 보복이 두려워 무덤을 사람들이 알 수 없는 곳에 짓도록 했기 때문이다. 오자서는 결국 비무극의 무덤은 찾지 못한 채, 호수 깊숙한 곳에 지은 초평왕의 무덤만을 찾아 시체를 꺼내었다. 그러고는 구리 채찍을 들고 시체를 수백 번 내리쳐 조각낸 뒤, 들판에 버려 까마귀밥을 만들어 버렸다.

오나라 군사들이 초왕을 추격하는 동시에 초나라 백성들의 크고 작은 반발을 진압하고 있는데, 초나라의 요청을 받은 진(晉)나라가 군사를 일으켰을 뿐 아니라, 국내에서는 공자 중 하나가 월나라와 손을 잡고 반란을 일으켰다는 소식이 들려왔다. 오나라는 부랴부랴 땅 일부를 바치고 공자 승에게 초나라의 한 지방을 봉해 준다는 초나라의 화평 조건에 합의해 준 뒤 본국으로 돌아갔다.

손무의 명성을 익히 들은 월나라 역시 회군하고 말았고, 반란은 손쉽게 제압되었다. 오왕은 초나라를 정벌하고 반란을 진압한 일등 공신으로 손무에게 높은 벼슬과 많은 재물을 하사하고자 했다. 하지만 손무는 이 모든 것을 사양하고 산속으로 돌아가겠다고 말했다. 오왕의 부탁을 받은 오자서가 간곡히 만류하자 손무가 말한다.

"흥망성쇠란 순환하는 것이 이치입니다. 이제 오왕은 오나라의 강함을 믿고 교만해지고 방탕해질 것입니다. 공을 이루면 물러나는

것이 순리이며, 그래야 천명을 다할 수 있습니다. 선생께서도 자중
자애하시기 바랍니다."

그러고는 거듭해서 말리는 오자서를 뒤로하고 초연하게 떠나갔
다.

소식을 들은 오왕은 금은보화를 가득 실은 수레를 보내었으나,
손무는 이조차 가난한 백성들에게 고루 나누어 준 뒤 어디론가 모
습을 감추고 말았다. 후에 오자서와 백비가 제명에 죽지 못한 것과
비교해 볼 때, 손무는 탁월한 전략가였을 뿐 아니라, 나아갈 때와
물러날 때를 아는 현명하기 그지없는 인물이었던 것이다.

2.

원수의 변을 맛보아 사지에서 벗어나다

오왕 합려가 월나라에 대한 복수를 계획하고 있던 차에, 월왕이
죽었다는 소식이 들렸다. 합려가 신하들에게 말했다.

"지금이야말로 월나라를 쳐서 복수할 좋은 기회가 아닌가 하오."

그러자 오자서가 나서서 반대했다.

"다른 나라의 불행을 틈타서 공격한다는 것은 의롭지 못한 일입
니다. 다시 때를 기다리는 것이 좋습니다."

그러나 합려는 오자서의 말을 듣지 않고, 그에게 오나라 방위를
맡긴 채 직접 대군을 이끌고 월나라로 쳐들어갔다. 하지만 전쟁 중
에 적군의 칼에 맞아 한쪽 발을 잃는 큰 부상을 당하고 회군하다가
죽고 말았다.

합려의 아들은 일찍 세상을 떴기 때문에 그의 손자인 부차가 왕
위를 이어받았다. 부차는 할아버지의 장례를 치르고는, 삼년상이

끝나면 월나라를 쳐 없애서 복수하기로 굳게 마음먹었다. 그는 신하들로 하여금 두 줄로 서서 그가 궁에 드나들 때마다 이렇게 외치도록 시켰다.

"부차야, 너는 월왕이 네 할아버지를 죽였다는 사실을 잊었느냐?"

그럴 때마다 걸음을 멈추고 이를 갈며 복수의 결의를 새롭게 다졌다.

3년이 지나고 부차는 드디어 대군을 이끌고 월나라로 쳐들어갔다. 오자서에 의해 잘 훈련된 오나라 군사는 연전연승을 거듭했고, 월왕 구천은 작은 성에서 굳게 성문을 닫고 지켰다. 하지만 밤낮없이 맹렬하게 공격하는 오나라 군사들로 인해 월나라의 운명은 그야말로 풍전등화였다. 월왕 구천이 신하들과 의논을 하는데, 문종이 말했다.

"지금이라도 항복하고 화평을 청하셔야 합니다."

"부차는 나를 죽이고 우리나라를 아예 없애 버리려 하오. 이제 승리를 목전에 두고 있는데, 그들이 우리의 청을 들어주겠소?"

"한 가지 방법이 있습니다. 지금 오자서와 더불어 오나라의 실권을 잡고 있는 백비라는 인물은 재물과 여색을 좋아할 뿐 아니라, 선왕이 자신보다 오자서를 신뢰했기 때문에 오자서를 몹시 시기하고 있습니다. 오왕 부차 또한 자신에게 바른말만 하는 오자서보다는 아첨하기 좋아하는 백비를 총애하고 있습니다. 백비에게 많은 재물과 미녀를 보내어 항복을 받아 달라고 부탁하면, 그가 오왕 부차를 설득해 줄 것입니다."

월왕은 지푸라기라도 잡는 심정으로 허락했고, 문종은 한밤중에 금은보화와 궁중에서 가장 아름다운 미녀 여덟 명을 데리고 백비의 숙소로 가서 공손하게 월왕의 뜻을 전했다. 백비가 거만하게 말했다.

"이제 월나라가 망하면 월나라의 모든 보물들이 우리 오나라 소유가 될 텐데, 내가 무엇 때문에 그대의 청을 들어주어야 한단 말인가?"

"장군께서 우리의 청을 거절하시면 우리는 목숨을 걸고 싸울 것이며, 그래도 안 될 때는 모든 보물을 불태워 버리고 초나라로 도망가서 초왕을 섬길 것입니다. 설사 우리의 뜻대로 되지 않더라도, 월나라의 모든 보물은 오왕의 차지가 될 텐데, 장군께서는 그중에서 얼마나 많은 보물을 차지할 수 있다고 생각하십니까? 만약 장군의 주선으로 화평이 성립되면, 저희 월나라는 매년 봄가을마다 장군께 오왕에게 보내는 것보다 많은 보물과 미녀들을 바칠 것입니다."

백비는 문종의 말을 듣자 욕심이 나서 문종을 부차에게 데리고 갔다. 백비가 먼저 들어가서 부차의 의중을 떠 보자 부차가 불같이 화를 냈다. 그러자 백비가 말한다.

"월왕은 모든 보물을 우리나라에 바치고, 대왕을 따라 오나라로 가서 신하 노릇을 하겠다고 합니다. 이제 화평을 허락하는 것이 명분과 실리를 모두 챙기는 길입니다. 선왕께서는 손무의 충고를 듣지 않고 초나라를 없애 버리려 하다가 실패하셨습니다. 무리하게 월나라를 없애 버리려 하면 월왕은 결사항전과 더불어 초왕을 섬길 것이라고 합니다. 잘못하다가는 선왕의 전철을 밟게 될 것입니다."

백비가 여러 가지 감언이설로 꼬이자 부차는 마침내 마음이 바뀌어 허락하고 말았다. 이 소식을 들은 오자서가 득달같이 달려와서 반대했다.

"왕께서는 선왕의 복수를 잊으셨습니까? 게다가 우리 오나라와 월나라는 같은 하늘 아래 공존할 수 없습니다. 이제 월나라를 없애지 않으면 우리 오나라는 머지않아 반드시 월나라에 망하고 말 것입니다. 이제 왕께서 명령만 내리시면 월나라를 손에 넣을 수 있는데 화평을 받아들이는 것은 있을 수 없는 일입니다."

"내가 이미 여러 대신들과 상의하여 결정한 일이오. 물러가도록 하시오."

오자서는 물러나와 탄식하며 말한다.

"내 전날 피리의 충고를 듣지 않았다가 오나라를 망치고 말았구나. 앞으로 20년이면 오나라는 월나라의 수중에 들어갈 것이다."

월왕 부부는 몇 달 뒤 오왕의 머슴살이를 위해 오나라로 가기로 약속했고, 오나라 군사는 고국으로 돌아갔다.

오나라로 떠날 때가 가까워 오자 월왕 구천은 마음이 심란하여 날마다 하늘을 보며 탄식했다. 문종과 범려가 말했다.

"근심과 고난을 겪어야만 큰일을 이룰 수 있다고 합니다. 탕왕과 문왕도 폭군인 걸왕과 주왕에게 사로잡혔지만, 역경을 극복하고 마침내 천하를 손에 넣었습니다. 저희는 근신하고 또 근신하면서 대왕께서 돌아오실 그날만을 기다리고 있겠습니다."

"그러면 누가 나와 함께 오나라로 가서 고생을 할 것이고, 누가 남아서 나랏일을 보살피겠소?"

범려가 말한다.

"나랏일을 돌보는 데에는 문종이 신보다 나으니 나랏일은 문종에게 맡기십시오. 신은 대왕을 모시고 임기응변을 발휘하여 반드시 왕이 돌아오실 수 있도록 하겠습니다."

월왕 부부는 창고에 있는 보물과 미녀를 오왕과 백비에게 나누어 보낸 뒤, 범려와 함께 오나라를 향해 떠났다.

백비를 먼저 만난 월왕이 인사를 하자 백비는 이미 뇌물을 받은 지라 호의적인 목소리로 말했다.

"기회를 보아 월나라로 돌아갈 수 있도록 주선할 테니 왕의 눈에 나는 짓을 해서는 절대로 안 되오."

백비는 구천을 궁으로 데리고 갔다. 구천은 상반신을 벗은 채 무릎으로 기어가서 오왕에게 절을 했다. 오자서가 옆에서 말했다.

"구천은 음흉하고 교활한 자입니다. 훗날 커다란 화근이 될 것이니 지금 속히 없애 버리셔야 합니다."

그러자 백비가 옆에서 결사적으로 반대했다.

"왕께서는 이미 월나라의 항복을 받아들이셨습니다. 이제 월왕을 죽여 약속을 어김으로써 신의를 잃어서는 안 됩니다. 차라리 저들로 하여금 선왕의 무덤을 돌보게 하시는 것이 좋을 듯합니다."

오왕은 다시 백비의 말만을 들었고, 오자서는 분통이 터져 뛰쳐나가고 말았다. 부차는 선왕 때 큰 공을 세운 오자서가 처음부터 부담스러웠던 데다가 사사건건 자신에게 반대하자 그가 점점 더 싫어졌다.

월왕 부부와 범려는 백비의 말대로 선왕 합려의 무덤을 지키면서 말을 기르는 일을 맡게 되었다.

그로부터 2년의 시간이 흘렀다. 월왕 부부는 다 해진 옷을 입고 새벽부터 밤까지 말 짚을 베어 옮기기도 하고 말똥을 치우기도 하며 열심히 일했다. 범려는 산에서 나무를 하고 불을 때는 등 두 사람을 돌보는 데 소홀함이 없었다. 이들 세 사람은 날이 갈수록 마르고 수척해져 갔다. 하지만 그들은 오왕의 감시에 대비해서 서로 격려해 가며, 한마디의 불평도 없이 감사하는 척하며 열심히 일했다.

오왕도 종종 사람을 보내어 그들의 동태를 살피게 했다. 오왕은 그들이 조금의 원망도 없이 열심히 일하고 있다는 보고를 받은 데다 월나라에서 계속 뇌물을 받고 있는 백비가 옆에서 그들의 충성스러움을 누차 칭찬하자 마음이 조금씩 바뀌기 시작했다. 낌새를 챈 백비가 말했다.

"저들은 지난날의 잘못을 진실로 반성하고 충성을 바치고 있습니다. 이제는 그들을 용서하여 월나라로 돌아가게 하신다면, 그들은 대왕의 하해와 같은 은혜에 감격하여 더욱더 분골쇄신 충성을 다할 것입니다."

"알겠소. 내 그들을 돌려보낼 것이니 내일 구천을 데리고 와 보시오."

백비는 월왕 부부에게 가서 이 말을 전했다. 그런데 소식을 들은 오자서가 급히 달려와서는 오왕 부차에게 간했다.

"옛날 하나라 걸왕과 은나라 주왕은 탕왕과 문왕을 죽이지 않았다가 오히려 자신이 죽임을 당했습니다. 이제 대왕께서 구천을 용서해 주시면 똑같은 변을 당하실 것입니다."

오왕 부차는 이 말을 듣자 마음이 께름칙했다. 그는 밤새도록 고민했다. 다음 날 구천은 궁전의 뜰 앞에 엎드려 명을 기다렸지만,

부차는 아무 말도 하지 않았다. 구천은 꿇어앉은 채 노심초사했지만, 부차는 그런 구천을 3일 동안이나 방치한 채 고민에 고민을 거듭했다. 갈등을 거듭하던 부차는 결국 병이 나고 말았고, 일단 구천을 돌려보내라 명하였다.

부차의 병은 며칠이 지나도록 낫지 않았다. 한편 구천에게 자초지종을 전해 들은 범려가 한 가지 계책을 내놓았다.

"부차가 우유부단하여 고민하다가 병이 났으니 지금이야말로 절호의 기회입니다. 왕께서는 부차를 문병하겠다고 청하시고는, 그의 대변을 달라 하십시오. 그리고는 그 맛을 보신 후 곧 완쾌할 것이라 말씀하십시오. 그는 반드시 감동하여 우리를 돌려보내 줄 것입니다."

"하지만 일국의 왕인 내가 어떻게 그런 짓까지 하면서 목숨을 구걸할 수 있겠소?"

"옛날 폭군 주왕은 문왕을 가두어 놓고 그의 아들을 삶아 주면서 먹을 것을 명령했습니다. 문왕은 설움을 참고 그것을 받아먹음으로써 주왕의 손아귀에서 벗어나 마침내 천하를 얻을 수 있었습니다. 큰일을 하는 사람은 작은 것에 얽매여서는 안 됩니다. 이런 비상한 수단이 아니면 그의 마음을 돌릴 수 없습니다."

월왕은 고개를 끄덕이고는, 백비에게 오왕을 문병하게 해 달라고 부탁했다. 월왕 구천이 오왕 부차에게 말했다.

"대왕께서 병이 나셨다는 말을 듣고 천한 신하는 걱정이 되어 밤잠을 이룰 수 없었습니다. 어찌 가만히 있을 수 있겠습니까? 저는 지난날 용한 의원에게 의술을 배운 적이 있습니다. 이제 제게 대왕의 대변을 보여주시면 제가 진단을 내려 볼까 합니다."

부차는 허락하고, 즉시 변을 받아서는 구천에게 넘기도록 분부했다. 그러자 구천은 변통 앞에 공손히 꿇어앉아 그 속에 손을 넣어 한 움큼 집더니, 혀로 그것을 세심하게 핥아 가며 맛을 보았다. 부차뿐 아니라 그것을 지켜보던 모든 사람이 깜짝 놀랐다. 하지만 구천은 태연하게 말했다.

"대왕께서는 내일이면 쾌차하실 것입니다."

구천은 돌아갔고, 그의 처리를 놓고 고민하다 병이 난 부차는 구천의 행동에 감동을 받아 씻은 듯이 나았다. 그는 구천을 돌려보내 주기로 결심을 굳혔다.

다음 날 부차는 구천을 불러 후하게 대접한 뒤, 조만간 월나라로 돌려보내 줄 것을 약속했다. 오자서가 다시 강하게 반대하자 부차가 되물었다.

"내가 병석에 있는 동안 그대는 한 번이라도 문병을 온 적이 있었소? 구천은 자기 나라를 떠나 타국에서 종노릇을 하면서도 조금도 원망하지 않았으며, 내가 병을 앓자 누구도 할 수 없는 충성스러운 행동을 보였소. 그대도 그와 같은 행동을 할 수 있겠소? 더 이상 아무 말 말고 물러가시오."

오자서는 어쩔 수 없음을 알고 물러났고, 부차는 구천에게 잔치를 베풀었다. 그리고 얼마 후 구천 부부와 범려를 월나라로 돌려보내 주었다.

3.

가시 장작에 누워 자며 곰의 쓸개를 빨다
— 와신상담(臥薪嘗膽)

월왕 구천은 자기 나라에 돌아가자 곧바로 장구한 계획의 복수 준비를 시작했다. 그는 먼저 나태해지지 않기 위해 자기 자신을 다잡았다. 그는 편안함을 거부하고 겨울이면 찬물에 발을 담갔고, 여름에는 화로를 끼고 지냈다. 잠은 가시 장작 위에서 자고, 쓰기로 유명한 곰의 쓸개를 매달아 놓고 수시로 그것을 핥으면서 오나라에서의 치욕을 되새겼다. 농사철이 되면 앞장서서 논밭에 나가 농사를 지었고, 부인은 베틀에 앉아 베를 짰다.

어진 선비와 노인을 존경하고 가난한 백성을 도와주어 민심을 안정시키는 동시에, 젊은 남자는 늙은 여자를 아내로 삼지 못하게 하고 늙은 남자는 젊은 여자를 아내로 삼지 못하게 해서 튼튼한 2세를 낳도록 했으며, 아이를 낳으면 산모를 국가에서 돌보아 주고 아들을 둘 이상 낳으면 둘째부터는 나라에서 양육을 책임졌다.

7년 동안 백성들에게 세금을 걷지 않고, 스스로는 고기를 먹지 않고 좋은 옷을 입지 않으면서도 부차와 백비에게 공물을 보내는 것은 잊지 않았다. 그들로 하여금 경계심을 가지지 않고 나태해지도록 하기 위해서였다.

부차는 날이 갈수록 교만해졌다. 백비 역시 그에게 끝없이 아첨하여 오나라 권력을 독점하고자 했다. 어느 날 백비가 말한다.

"대왕께 어울릴 만한 규모의 궁궐을 지으시는 것이 좋겠습니다."

부차는 기뻐하며 허락하고는, 궁궐의 기둥으로 쓸 만한 좋은 재목을 구하라는 명을 내렸다.

그 소식을 들은 문종이 구천에게 말했다.

"이는 정말 좋은 기회입니다. 최대한 크고 좋은 재목을 골라 부차에게 보내십시오. 그러면 그들은 그 재목에 맞추어 궁궐을 더욱 크고 화려하게 지을 수밖에 없을 것이고, 오나라 백성들은 더욱 고달파서 오왕을 원망하게 될 것입니다."

구천은 즉시 목수 수십 명을 보내어 최고로 좋은 재목을 구해 오라고 명했다. 1년여에 걸쳐 전국을 찾아 헤맨 끝에 그들은 둘레기 20아름이나 되고 높이가 수십 미터에 이르는 크고 아름다운 재목 두 그루를 구해 왔다. 구천은 그것을 깨끗이 다듬고 단청으로 용 장식을 하도록 한 뒤 배에 실어 보내 오왕에게 바쳤다.

오왕 부차는 더할 나위 없이 기뻐했지만, 오자서는 옆에서 또 간했다.

"옛날부터 폭군들은 커다란 궁전을 짓느라 백성들을 고달프게 하고 나라의 재물을 탕진하여 결국 망하고 말았습니다. 구천은 우

리 오나라를 망치려고 이 재목을 보낸 것입니다. 돌려보내셔야 마
땅합니다."

이제 부차에게 오자서는 정말 귀찮은 잔소리꾼에 불과했다. 그래
서 오자서의 말은 한 귀로 듣고 한 귀로 흘려버렸다. 이후 오나라
백성들은 5년에 걸쳐 중노동에 시달려야 했고, 공사 중에 사망한
사람도 부지기수였다.

드디어 궁전이 완성되었고, 부차는 그것을 고소대라고 이름 붙였
다. 그러자 구천은 다시 신하들과 의논했다. 문종이 다시 계책을 말
했다.

"첫 번째 계획이 성공했으니 이제 그 다음 단계를 실행할 차례입
니다. 오왕에게 절세의 미인을 보내어 그의 마음을 더욱 방만하게
하십시오."

구천은 고개를 끄덕이며, 전국적으로 미인을 찾아서 천거해 올리
라고 명령했다.

그리하여 천거된 수천 명의 미인 가운데 가장 뛰어난 미인 둘을
선발했으니, 그 이름은 서시와 정단이었다. 월왕은 그들에게 춤과
노래, 걸음걸이와 말하는 법, 화장하는 법에 이르기까지 모든 것을
부족함 없이 가르치도록 했다.

교육이 끝나자 범려는 그들 둘에게 아름다운 몸종 여섯 명을 더
하여 여덟 명의 미인을 직접 데리고 가서 부차에게 바쳤다. 서시와
정단을 보고 부차가 넋을 잃자, 오자서가 옆에서 다시 간하였다.

"하은주 세 나라는 모두 말희와 달기, 포사와 같은 미녀 때문에
망했습니다. 그 전철을 밟지 마시고 그 여자들을 돌려보내십시오."

부차가 귀찮다는 듯이 인상을 찌푸리며 말했다.

"내 그렇지 않아도 경이 그렇게 말할 것을 미리 알고 있었소. 그만하고 돌아가시오."

그날부터 부차는 미인들을 끼고 즐기며 정사를 돌보지 않았다. 부차는 서시를 특히 사랑하여, 정단은 서시를 시샘하다가 1년도 못 가 죽고 말았다. 하지만 그럴수록 서시에 대한 사랑은 더욱 애틋해져, 그녀를 위해 다시 별궁을 짓고 연못과 동굴을 팠다. 그리고 서시가 걷는 발걸음마다 은은한 소리가 울려 퍼지도록 하기 위해서 땅속에 큰 독을 묻고 그 위에 판자를 깔아 복도를 만들기까지 했으니, 그 복도를 향섭랑(響屧廊)이라고 불렀다.

오왕 부차는 언제나 서시와 함께했고, 백비와 같은 간신들만이 옆에서 아첨을 했을 뿐, 오자서는 왕을 만날 수조차 없었다.

구천은 와신상담하며 복수 준비에 박차를 가했다. 이제 민심도 안정되고 병력도 풍부해졌다. 범려가 구천에게 말했다.

"군사력은 어느 정도 갖추어졌으니 이제 그들을 강군으로 만들어야 합니다. 제가 들으니 낭림이라는 곳에 검술이 신묘한 경지에 이른 처녀가 있으며, 초나라에서 이주해 온 진음이라는 사람은 백발백중의 활솜씨를 가지고 있다고 합니다. 두 사람을 초빙하여 군사들을 훈련시키십시오."

구천은 즉시 사람을 보내어 두 사람을 불렀다. 두 사람은 순순히 초대에 응하였다. 구천이 처녀의 칼솜씨를 시험해 보니 혼자서 칼을 든 100명의 용사를 상대로 하여 눈 깜짝할 사이에 그들의 칼을 모두 땅에 떨어뜨리게 할 정도였다. 처녀는 월나라 용사들에게 칼

쓰는 법을 가르쳐 주고는 홀연히 사라졌다. 진음은 궁노로 한 번에 화살 세 대를 날리는 비법을 궁수들에게 가르쳐 주었다. 하지만 그도 오래지 않아 병이 나서 죽고 말았다.

두 사람의 지도를 받은 월나라 군사들은 각각 수백 명만으로도 수천 명을 상대할 수 있는 검술과 궁술을 가지게 되었다.

문종은 구천에게 또 다른 계책을 아뢰었다.

"금년에 흉년이 들어 곡식이 부족합니다. 오왕에게 곡식을 빌려 달라 청하십시오. 오왕은 반드시 부탁을 들어줄 것입니다."

월왕의 지시를 받은 문종은 오나라에 가서 먼저 백비에게 많은 뇌물을 주고는 함께 오왕에게 갔다.

"금년에 월나라는 큰 흉년이 들어 백성들이 굶주리고 있습니다. 월나라의 백성은 곧 대왕의 백성이니, 대왕께서 큰 은덕을 베푸시어 곡식 1만 석만 빌려주시기 바랍니다."

오왕은 흔쾌히 고개를 끄덕였다. 그때 오자서가 급히 뛰어 들어오자, 부차와 백비는 서로 마주 보고 얼굴을 찌푸렸다. 오자서가 다시 옛 폭군들이 망한 고사를 들어 간하자 백비가 큰 소리로 꾸짖는다.

"그대는 어찌 대왕을 폭군들에 비유하시오? 말을 삼가시오."

부차 역시 오자서의 말을 들으려고도 하지 않아 오자서는 또 그냥 물러날 수밖에 없었다. 부차의 명에 따라 월나라로 곡식이 운반되었고, 월나라는 흉년을 무사히 넘길 수 있었다.

그 다음 해에는 월나라에 큰 풍년이 들었다. 구천이 문종과 상의하며 말했다.

"곡식을 갚기는 해야 할 텐데, 그렇게 되면 원수의 곳간을 불려 주는 셈이라, 뭐 좋은 수가 없겠소?"

"올해 추수한 곡식 중에서 특등품만을 보내되, 살짝 쪄서 보내십시오. 저들은 그 품질이 매우 뛰어난 것을 보고 틀림없이 내년 봄에 종자로 쓸 것입니다. 그리되면 드디어 결정적인 기회가 올 것입니다."

구천은 문종의 계획을 실천에 옮길 것을 지시했다. 부차는 월나라에서 보내온 곡식의 품질이 아주 훌륭하다는 보고를 받고 매우 흐뭇해했다. 그러자 백비가 옆에서 말했다.

"이 곡식은 백성들로 하여금 내년에 심도록 하는 것이 좋겠습니다."

부차 역시 백비의 말에 동의했다.

다음 해가 되자 오나라에는 당연히 커다란 흉년이 들었다. 백성들은 고통을 겪고 있었지만, 부차는 주변 국가들의 싸움에 개입하여 승리를 거둔 뒤 천하 제후들을 모아 제환공이나 진문공처럼 맹주의 자리에 오르고자 했다.

오자서가 다시 쓴소리를 했으나, 모든 신하들이 입을 맞추어 부차를 찬양하는 모습을 보고는 한탄하며 뛰쳐나갔다.

그러자 백비가 부차에게 말했다.

"오자서는 선왕 때 세운 공로만 믿고 지나치게 교만하게 굴고 있습니다. 이제 그는 왕께서 자신의 말을 받아들이지 않는 데 원한을 품고 있습니다. 그를 속히 없애 버리지 않으면 반드시 머지않아 반란을 일으킬 것입니다."

부차 역시 오자서를 눈엣가시처럼 여기던 터라 즉시 명령을 내렸다.

"오자서에게 촉루검을 보내라."

왕으로부터 칼을 전달받은 오자서는 탄식하며 말한다.

"왕이 내게 스스로 목숨을 끊으라 하는구나. 내 오늘에야 손무 선생이 말씀하신 뜻을 알겠다. 이제 머지않아 월나라가 오나라를 쑥대밭으로 만들 것이다. 내가 죽거든 내 두 눈을 성문 위에 걸어 두어라. 내 월나라 군사가 오나라로 쳐들어오는 것을 두 눈으로 똑똑히 보겠다."

그러고는 스스로 목을 찔러 자살했다. 오자서가 한 말을 전해 들은 부차는 크게 노하여 죽은 오자서의 목을 직접 자른 뒤 명했다.

"이 목은 성문 위에 걸어 두고 몸통은 포대에 담아 강물에 던져 버려라."

희대의 영웅이자 만고의 충신인 오자서는 이렇게 무도한 군주와 사악한 간신에 의해 죽고 말았다.

오왕이 제후들의 회합에 갔다는 소식을 들은 월왕 구천은 직접 대군을 이끌고 오나라로 쳐들어갔다. 월나라의 기습공격에 방심하고 있던 오나라의 방어망은 여지없이 무너졌다. 월나라 군대는 연전연승을 거듭하며 오나라 수도를 향해 진격했다.

제후들과의 회합 자리에서 소식을 들은 부차는 급히 군대를 되돌렸으나, 먼 길을 갔다가 급히 되돌아와 지칠 대로 지친 군대가 오랫동안 잘 훈련된 월나라의 강군을 당해 낼 수는 없었다. 월나라 군대를 더 이상 막을 수 없다고 판단한 부차가 백비를 불러 말했다.

"백비, 그대는 우리나라가 월나라를 무찔러 구천을 죽이려고 할 때 그를 살려 두라 했고, 그가 우리나라에서 종노릇을 하고 있을 때는 그가 배반할 리 없으니 돌려보내자고 했다. 이제 일이 이 지경에 이르렀으니 그대가 가서 책임지고 화평을 맺도록 하라. 내게는 아직 촉루검이 있다는 사실을 잊어서는 안 될 것이다."

백비는 황망히 월왕 구천에게 가서 머리를 조아리며 화평을 청했다. 순간 구천은 부차에게 자신이 겪은 수모를 그대로 돌려주고 싶은 마음이 들었다. 왕의 마음을 눈치챈 범려가 얼른 말하였다.

"대왕께서는 20년 동안 노심초사하고 절치부심하여 원수를 갚게 되었습니다. 이제 부차를 살려 주면 부차도 대왕과 똑같이 할 것입니다."

결국 구천은 항복을 받아들이지 않았다. 부차는 그 후에도 몇 차례고 사람을 보내어 다양한 조건을 내세워 화평을 청했지만, 구천은 모두 일언지하에 거절했다.

그러던 중 부차로부터 범려와 문종에게 비밀스럽게 한 통의 편지가 전달되었다.

"토끼를 잡고 나면 사냥개를 삶아 먹는다는 말이 있소. 이제 우리 오나라가 완전히 멸망하면 그 다음은 두 대부의 차례가 될 것이오. 부디 내게 은혜를 베풀어 주시오."

하지만 두 사람은 전혀 개의치 않고 부차에게 답장을 보냈다.

"이제 대세는 결정되었습니다. 누구나 죽기 마련인데, 왕께서는 어찌 이렇게 구차하게 행동하십니까? 월나라 군사의 칼을 기다리느니 스스로 결단을 내리시는 것이 어떻겠습니까?"

부차는 거듭 한숨을 쉬고 흐느껴 운 뒤 말했다.

"내 저승에 가서 무슨 낯으로 오자서를 보겠는가? 내가 죽거든 비단으로 내 얼굴을 여러 겹으로 감싸 다오."

그러고는 칼을 뽑아 자살했다.

4.

토끼를 잡고 나면 사냥개를 잡아먹는다
— 토사구팽(兎死狗烹)

　오나라를 완전히 정복한 후 구천이 문무백관의 하례를 받고 있는데, 자세히 보니 그 가운데에는 백비가 끼여 있었다. 그는 조금도 부끄러워함이 없었다. 오히려 자신이 과거 월왕의 목숨을 구해 주고 또 월나라로 돌아가도록 주선해 주었다 해서 우쭐거리기까지 했다. 구천이 백비에게 말했다.

　"그대의 임금은 지금 땅속에 누워 있는데, 그대는 어찌해서 임금의 곁으로 가지 않고 이곳에 있는가?"

　그는 그 말을 듣자 슬그머니 물러가려 했지만, 구천은 그를 즉시 참하라 명령했다. 신하들 중 하나가 구천에게 말했다.

　"어쨌거나 그는 대왕의 목숨을 살려 주고 또 대왕께서 귀국하시도록 주선해 주었습니다. 이제 그를 죽이시면 천하 사람들이 은혜를 모른다고 손가락질할까 염려됩니다."

그러자 구천이 말했다.

"나는 충신 오자서의 원수를 대신 갚아 주는 것이오."

백비는 참형에 처해졌고, 구천은 서시를 데리고 월나라로 돌아갔다. 월왕의 부인은 그 소식을 듣고 심복에게 은밀히 지시를 내렸다. 심복은 서시를 강가로 몰래 데리고 가서는 등에 돌을 짊어지게 한 뒤 강물에 던져 버렸다. 그렇게 서시는 수장(水葬)되고 말았다.

하루는 월왕이 신하들과 잔치를 베풀다가 악사에게 오나라 정복을 기념할 만한 곡을 지어 연주해 보라고 하였다. 악사가 악기를 연주하며 노래를 했는데, 그 가사의 내용은 다음과 같았다.

"왕과 신하가 함께 의논하고 힘을 합쳐서 커다란 업적을 세웠네!"

노래를 들으면서 모든 신하들은 유쾌하게 웃음을 터뜨리며 즐거워하는데, 범려의 눈에는 왕이 다소 불쾌해하는 기색이 보였다. 범려는 생각했다.

"신하들이 왕과 함께 공을 세웠다는 말에 불쾌해하니, 왕은 모든 공로를 자신의 것이라고 생각하여 신하들을 시기하는구나."

그리고 얼마 후 왕에게 말했다.

"제가 지난날의 굴욕에도 목숨을 끊지 않고 버텨 온 것은 오직 대왕을 모시고 원수를 갚기 위해서였습니다. 이제 오나라가 멸망했으니 제 할 일은 다했습니다. 저는 강호로 물러가 여생을 한가히 지내고자 합니다."

"무슨 말이오? 그대의 도움이 없었다면 어찌 오늘날의 내가 있었겠소? 나는 이제 그대의 공로에 보답하려 하는데 어찌 떠나려 하시오?"

하지만 범려는 고집을 굽히지 않았다. 그러자 구천이 다시 말했다.

"그대가 떠나 버린다면, 나는 그대의 가족을 모두 죽이겠소."

"죽이고 살리는 것은 오직 대왕의 뜻에 달려 있습니다. 제가 어찌할 수 있겠습니까?"

그러고는 그날 밤에 배를 타고 어디론가 떠나 버렸다.

구천이 문종에게 말했다.

"사람을 보내어 범려를 찾아 데리고 오도록 하시오."

"그는 헤아릴 수 없을 정도로 깊은 뜻과 지혜를 가진 사람입니다. 이제 그가 떠나고자 마음먹었으니 그를 찾는 것은 불가능할 것입니다."

그날 문종이 집에 돌아와 보니 범려가 쓴 편지가 와 있었다.

"월왕은 인내심은 대단하나 욕심과 질투가 많은 사람이오. 그런 사람과 어려움은 함께 극복해 갈 수 있지만, 부귀영화를 같이 누릴 수는 없소. 지난날 부차가 한 말을 잊지 마시오. 토끼가 죽으면 사냥개를 삶아 먹는다 했소. 오나라가 망했으니 이제 우리의 차례요. 그래서 나는 떠나가는 것이오. 그대도 지금 떠나지 않는다면 죽음을 면하기 어려울 것이오."

범려의 편지를 읽고 문종은 기분이 찜찜했지만, 범려가 지나친 걱정을 한다고 생각했다. 그런데 시간이 지날수록 범려의 예언이 적중되기 시작했다. 구천은 공신들에게 조금의 땅도 나누어 주지 않았을 뿐 아니라, 어려울 때 그를 모시고 공을 세운 신하들을 멀리

하고 자신에게 아첨하는 무리들만을 가까이했다. 공신들 가운데는 병들었다 칭하고 벼슬에서 물러난 사람도 있었고 미친 척하고 물러난 사람도 있었다. 문종도 범려의 충고를 생각하고는 병들었다는 핑계로 궁에 들어가지 않았다.

그러자 문종의 공로를 시기하는 자들이 왕에게 말했다.

"문종은 자신의 공로가 대왕보다 크다고 생각하고 있습니다. 그래서 대왕께서 큰 상을 주지 않는 것에 불만을 품고 있습니다. 이제 궁에 들어오지 않는 것은 반란을 꾀하고자 하는 것입니다."

그 말을 들은 구천은 생각했다.

"문종은 출중한 재주를 가진 사람이다. 이제 오나라가 망했으니 그의 재주는 크게 쓸모가 없지만, 만에 하나 그가 반란을 일으키기라도 하는 날에는 막아 낼 수가 없다."

다음 날 구천은 문종을 문병하러 그의 집으로 갔다. 문종은 아픈 척하면서 구천을 영접해 대화를 나누었다. 그런데 구천이 떠나고 나서 보니 그가 앉았던 자리에는 칼이 한 자루 놓여 있었다. 문종이 살펴보니 칼집에는 촉루라는 이름이 새겨져 있었다. 부차가 오자서에게 보내어 자살하도록 만든 바로 그 칼이었다. 문종이 탄식하며 말했다.

"아! 범려는 참으로 현명한 사람이구나. 내 범려의 말을 듣지 않았다가 이런 꼴을 당하는구나."

그러고는 촉루검으로 자신의 목을 찔러 자살하였다. 구천은 문종을 후히 장사 지내 주었다. 그 뒤로 월나라는 초나라와 오나라에 이어 한동안 제후들의 맹주 노릇을 하게 된다.

5.

신하들이 군주를 내쫓고 땅을 나누어 가지다

월나라가 오나라를 무찌를 무렵, 여러 나라에서는 제후보다 신하의 권력이 강했다. 노나라의 실권은 계손, 숙손, 맹손이라는 세 신하의 손에 들어갔으며, 그들의 권력은 다시 그 가신이 빼앗는 악순환이 계속되었다. 제나라에서는 신하인 전씨(田氏)가 왕을 죽이고 국정을 마음대로 농단했다.

이 시기에 활동했던 공자는 이런 혼란상을 바로잡기 위해 천하를 돌아다니면서 제후들에게 교훈을 설파했다. 그의 목적은 높은 벼슬자리를 얻어 자신의 정치적 이상을 펼치는 것이었지만, 모든 나라들이 부국강병만을 꿈꾸는 상황에서 그는 '뜨거운 감자'에 불과했다.

정치적으로 보면 그는 완전히 실패했지만, 그는 자신이 전혀 생각지도 못한 부분에서 역사에 길이 남을 성공을 거두었다. 그의 이상에 많은 학자들이 감동을 받아 그의 제자가 되었고, 그는 결국 동아시아에서 가장 영향력 있는 사상인 유학의 창시자가 된다.

오랫동안 중원의 맹주로 군림해 온 진(晉)나라의 사정도 다른 나라와 다를 바 없었다. 여러 신하들의 권력 다툼 과정을 거쳐, 지씨(智氏), 한씨(韓氏), 위씨(魏氏), 조씨(趙氏)의 네 집안이 진나라의 권력을 4등분하여 나눠 가지게 되었다.

진후는 이 네 집안의 횡포를 견딜 수가 없어 제나라와 노나라에 밀서를 보내 네 집안을 쳐 달라고 부탁했다. 그런데 그 두 나라도 역시 신하들이 전권을 휘두르고 있었던지라, 진후를 돕기는커녕 지씨 집안의 우두머리인 지백에게 그 사실을 알려 주었다. 네 가문은 군사를 일으켜 진후를 쳤고, 진후는 다른 나라로 도망가 버렸다. 이후 지백은 허수아비 군주를 앉혀 놓고 자신이 전권을 행사했다.

지백의 욕심은 여기에서 그치지 않았다. 제나라를 차지한 전씨처럼 자신도 진나라를 차지하고 싶어 신하들을 모아 회의를 열었다. 그중 한 사람이 말한다.

"진나라를 차지하려면 한씨, 위씨, 조씨 세 집안의 세력을 꺾어야 합니다. 주공께서는 임금의 명이라 칭하시고, 우리 진나라가 월나라에 빼앗긴 패권을 되찾기 위해 군사력을 증강시켜야 하니 그 비용을 충당한다는 명분으로 사방 100리의 땅을 바치라고 하십시오. 그들이 순종하면 우리의 세력은 커지고 그들의 세력은 작아질 것이며, 순종하지 않는 집안은 군주의 명령이라 하고 순종하는 집안과 힘을 합쳐 무찔러 버리면 됩니다."

지백은 고개를 끄덕이고는 세 집안에 각각 사람을 보내어 명령을

48

전했다. 한씨와 위씨는 지백의 계략을 짐작 못하는 바는 아니었으나, 힘이 부족하여 울며 겨자 먹기로 땅을 바쳤다. 그러나 조씨 집안의 우두머리인 조양자는 그 말을 듣자 분개하며 말했다.

"조상 대대로 전해 온 땅을 어찌 무뢰배에게 내놓겠는가?"

이 말을 들은 지백도 발끈 화가 나서 명령했다.

"한씨와 위씨 집안에 사람을 보내어, 함께 조씨를 쳐서 그 땅을 3등분하여 나누자고 전해라."

전갈을 받은 두 집안은 조씨의 땅을 나누자는 말에 욕심이 나서 함께 군사를 일으켰다.

세 집안의 대군이 몰려오자 조양자는 신하들과 상의했다.

"욕심 많은 지백이 한씨와 위씨 집안과 더불어 쳐들어오니 어찌 대처해야 하겠소?"

"적의 수가 우리보다 월등히 많으니 일단 진양성으로 몸을 피하시는 것이 좋겠습니다. 그곳의 성은 견고하고, 오랫동안 백성들에게 은혜를 베풀어 민심이 안정되어 있습니다. 그런 까닭에 선군께서는 국가에 변란이 생기면 진양성으로 가라고 유언을 남기신 것입니다."

이리하여 조양자는 진양성으로 대피했고, 지씨와 한씨, 위씨, 세 집안의 대군도 조양자를 추격하여 진양성을 포위하고 맹렬히 공격했다. 조양자가 다시 대책을 묻자, 그의 심복 모사가 말했다.

"우리는 그저 굳게 지키는 것이 상책입니다. 진양성은 견고하여 함락시키기 쉽지 않고, 저들의 속마음은 제각각이라 반드시 그들 사이에 반목이 생길 것입니다."

그리하여 세 집안의 연합군이 매일 맹렬히 공격했지만, 1년이 지나도록 진양성은 끄떡없었다. 고민에 빠진 지백은 말을 타고 진양성을 둘러보다가 갑자기 무릎을 탁 치더니, 한씨와 위씨를 불러 말했다.

"좋은 방법이 떠올랐소. 이제 조금 있으면 비가 많이 내릴 계절이오. 진양성 주위를 흐르는 물길을 막아 커다란 저수지를 만든 뒤, 그 저수지에 물이 가득 차면 진양성 쪽으로 물을 트는 것이오. 그러면 진양성은 물바다가 될 것이오."

한씨와 위씨도 찬성하여, 세 집안은 일을 분담하여 계획대로 시행하였다.

얼마 되지 않아 큰 비가 왔고, 지백은 군사를 시켜 저수지의 둑을 진양성 쪽으로 텄다. 진양성은 워낙 견고하여 끄떡없었지만 성안은 물바다가 되어 버렸다. 백성들은 불을 피울 수도 없었고 잠을 잘 곳도 없었다. 다행히 군사들은 물론 백성들도 한마음 한뜻으로 단결하여 고난을 헤쳐 나가고 있었지만, 오랫동안 버틸 수 없음은 분명했다. 그러자 조양자의 모사가 말했다.

"제가 오늘 몰래 한씨와 위씨를 만나 그들을 설득하여 마음을 돌려놓도록 하겠습니다."

조양자가 허락하자 그는 몰래 성을 빠져나가 한씨와 위씨 집안의 우두머리를 차례로 만나 말했다.

"두 집안은 지백에게 이미 넓은 땅을 빼앗겼습니다. 이렇게 분명한 남의 땅조차 거짓 명분을 내세워 강탈하는 자가 우리 조씨의 땅을 빼앗아서는 과연 두 집안에게 공정하게 분배하겠습니까? 그렇다고 해서 지백의 위협에 자신의 땅까지 빼앗긴 두 집안이 분배가 공정치 못하다고 항의할 수 있겠습니까? 설사 분배가 공정하게 이루어진다 할지라도, 욕심쟁이 지백이 그것으로 만족할 것이라고 생각하십니까? 또 땅을 내놓으라고 하면 어떻게 하실 것입니까? 우리 조씨가 망하고 나면 그 다음엔 한씨와 위씨도 똑같은 처지가 되고 말 것입니다.

차라리 두 장군께서는 저희 주군이신 조양자와 손을 잡고 지백을 쳐서 그 땅을 똑같이 나누십시오. 우리 세 집안의 형세는 어느 한 집안이 다른 집안을 압도하지도 못할 뿐 아니라, 주군들께서는 지백처럼 탐욕스럽지도 않습니다. 게다가 지백의 땅은 조씨의 땅보다 훨씬 큽니다. 현명하게 생각하시기 바랍니다."

한씨와 위씨는 각각 신하들과 상의한 뒤 말했다.

"내일 밤 우리가 저수지의 둑을 지백의 진이 있는 방향으로 틀 것이니, 조양자께 진양성의 물이 줄어들면 군사를 거느리고 성 밖으로 나오라고 전해 주시오. 그렇게 되면 지백은 사로잡힐 수밖에 없을 것이오."

보고를 들은 조양자는 기뻐하며 군사들에게 만반의 준비를 하라고 명령했다.

다음 날 한씨와 위씨는 군사들을 이끌고 저수지를 지키는 지백의 병사들을 죽인 뒤, 지백의 군영 쪽으로 둑을 터 버렸다. 깊은 잠에 빠져 있던 지백이 사방에서 들리는 고함 소리에 깜짝 놀라 일어나 보니 물이 이미 침대 위까지 차올라 있었다.

지백이 서둘러 막사 밖으로 나가 보니, 병사들은 어쩔 줄 몰라 우왕좌왕하는데, 물이 순식간에 목까지 차올랐다. 때마침 지백의 수하 장수 예양이 뗏목을 타고 와서 그를 구출했다. 병사들은 살려 달라고 아우성치고 무기와 군량은 급류에 쓸려 떠내려가는 모습을 지백은 넋을 놓고 바라보았다.

그때 저편에서 북소리가 울리더니 한씨와 위씨가 배를 타고 오면서 군사들에게 말했다.

"지백을 사로잡은 자에게는 큰 상을 주겠다."

지백은 허둥지둥 뗏목을 젓게 하여 산으로 도망쳤지만, 갑자기 조양자가 군대를 이끌고 나타나서 외쳤다.

"이미 여기서 기다린 지 오래다. 어서 항복하여라."

예양이 죽을힘을 다해 싸웠지만, 지백은 사로잡히고 말았다. 예양은 더 이상 어찌할 도리가 없어 도망치고 말았다.

한씨와 위씨는 지백에게 빼앗긴 땅을 되찾았고, 세 집안은 지백 소유의 땅을 몰수하여 정확히 3등분하여 나누어 가졌다. 그리고 지백과 그 일족은 모두 처형당하고 말았다. 이후 세 집안은 천자에게 요청하여 정식으로 제후의 지위를 인정받았고, 진나라는 한나라와 위나라, 조나라로 분리되고 만다.

6.

복수심으로 빈 옷을 베니 옷이 피를 흘리다

조양자는 지백을 죽인 후에도 그에 대한 분이 풀리지 않았다. 그리하여 지백의 해골을 가져오라 하여 그것을 요강으로 사용하였다. 숨어 지내던 지백의 장수 예양은 이 소식을 듣고 통곡하며 말했다.

"나는 지백에게 큰 은혜를 입었다. 그런데 그가 죽은 후에도 모욕을 당하고 있으니, 어찌 보고만 있을 수 있겠는가?"

그는 허름한 옷을 입고 변장한 뒤, 비수를 품고 조양자의 집 주변을 맴돌며 기회를 노렸다. 삼엄한 경비를 피해 그가 숨어들어 간 곳은 그 집의 변소 밑이었다. 예양은 그곳에서 숨어 있다가 조양자가 일을 보러 오면 살해할 계획이었다.

한편 조양자는 변소에 들어가려다가 평소와는 다른 섬뜩한 기운을 느꼈다. 그는 수하를 시켜 변소를 수색하게 했다. 예양은 뜻을 이루지 못한 채 체포되어 조양자 앞에 끌려왔다. 조양자가 물었다.

"너는 예양이 아니냐? 어찌하여 비수를 품고 그곳에 숨어 있었느냐?"

"주군의 원수를 갚으려 했습니다."

소란한 소리에 조씨 집안사람들과 조양자의 가신들이 몰려나와 주위를 둘러싸고 있는 가운데 조양자가 예양에게 물었다.

"너를 석방해 준다면 너는 내 은혜에 어떻게 보답할 것인가?"

"참으로 감사하게 생각하겠습니다. 하지만 그것은 개인적인 은혜일 뿐입니다. 사적인 감정과 주군을 위해 복수하는 대의(大義)는 별문제입니다."

주변 사람들이 흥분하여 소리쳤다.

"저놈을 즉각 죽여 버리십시오."

하지만 조양자는 그를 풀어 주라 명령하며 말했다.

"주인이 죽었음에도 충성을 다하는 것은 참으로 의로운 일이 아닌가? 이런 의로운 인물을 죽이는 것은 좋지 않다. 석방하여 주도록 하라."

놀랍게도 예양은 아무런 일도 없었다는 듯 석방되었다.

이후 예양은 복수를 위해 더욱 철저한 준비를 했다. 조양자가 진양성으로 옮겨 갔다는 소식을 들은 예양은 행색을 감추기 위해 눈썹을 깎아 버리고 온몸에 옻칠을 해서 문둥병에 걸린 거지로 위장하고는, 사람들이 자신을 알아보는지 확인하기 위해 이집 저집에서 구걸을 했다.

예양의 아내도 며칠째 집에 들어오지 않는 남편을 찾아 나섰다. 이리저리 찾아 헤매던 중 어떤 집 앞에서 남편의 목소리를 듣고 얼른 다가가 보았다. 목소리는 남편이 맞는데, 외모는 전혀 딴사람이었다. 그녀는 의아해서 혼잣말을 했다.

"이상하네. 목소리는 틀림없는 우리 남편인데, 어찌 다른 사람일까?"

예양은 아내가 자신의 목소리를 알아듣는 것을 보고는 목소리도 바꾸어야겠다고 마음먹었다. 그래서 많은 양의 숯을 먹고, 다시 구걸을 하며 확인했다. 이제는 목소리조차 알아보는 사람이 없었다.

예양의 계획을 알고 있는 친구가 말했다.

"차라리 조양자에게 벼슬을 달라고 말하게. 조양자는 자네를 높이 평가하니 반드시 자네를 기용할 것일세. 그러면 틈을 보아 그를 죽이는 것이 쉽지 않겠는가?"

"그것은 두 마음을 가지는 것일세. 나는 옛 주군에 대한 충성심이라는 오직 한마음으로 원수를 갚고자 하는 것인데, 그런 사람이 두 마음을 가져서야 되겠는가? 두 마음을 가질 것이라면 내가 무엇 때문에 목숨을 걸고 지백의 복수를 하겠는가? 진작 조양자의 가신이 되었을 것이네."

예양은 조양자를 죽일 기회만 호시탐탐 엿보고 있었다. 그러던 어느 날 조양자가 새로 만든 다리를 구경하러 간다는 소식이 들려왔다. 조양자는 지백이 만든 저수지 위에 새 다리를 놓아 사람들이 왕래하기에 편리하도록 했던 것이다. 예양은 다리 밑에 가서 죽은 사람인 척하고 누워 있었다.

조양자가 다리 가까이 갔을 때, 그를 태운 수레를 끄는 말이 갑자기 마구 울면서 앞으로 나아가려 하지 않았다. 몇 번이고 채찍질을 해 보았지만, 말은 꿈쩍도 하지 않았다. 조양자의 모사가 말했다.

"동물들에게는 예지력이 있다고 합니다. 뭔가 위험이 도사리고 있는 것이 틀림없습니다."

조양자는 수레에서 내려 분부했다.

"다리 일대를 철저히 수색하도록 하라."

얼마 뒤 병사들이 돌아와서 보고했다.

"수상한 것은 아무것도 없습니다. 다만 다리 아래 시체가 하나 있을 뿐입니다."

"지난번 전투에서 죽은 시체들은 모두 거두어 처리하지 않았느냐? 그것은 필시 예양일 것이다. 이리로 끌고 오도록 하라."

모습은 전혀 다르게 변했지만, 병사들이 끌고 온 사람은 틀림없는 예양이었다. 조양자가 말했다.

"너는 처음부터 지백을 섬긴 것은 아니었다. 범씨를 섬기다가 범씨가 지백에게 망하자 지백을 섬기지 않았느냐? 그런데 범씨의 원수는 갚지 않더니, 왜 이렇게까지 지백의 원수를 갚고자 하는 것이냐?"

"주인이 신하를 제 몸처럼 아끼면 신하도 주인을 위해 충성을 다하지만, 주인이 신하를 개나 돼지처럼 대하면 주인이 위험에 처해도 모른 척하기 마련입니다. 범씨와 달리 지백은 저를 더할 나위 없이 후하게 대우하고 믿었습니다. 그러니 제가 이렇게 행동하는 것도 당연하지 않겠습니까?"

"알겠다. 하지만 이제는 너를 죽이는 수밖에 없구나. 여봐라, 이 자를 데려다가 참하여라."

병사들이 예양을 끌고 가려 하는데, 피눈물을 흘리면서 통곡하던 예양이 조양자에게 말했다.

"마지막 부탁이 하나 있습니다."

"그것이 무엇이냐?"

"지난번에 장군께서 저를 살려 준 것만도 감지덕지한 일인데, 이제 어찌 또 살기를 바라겠습니까? 다만, 주군의 원수를 갚지 못하고 죽는 것은 너무나 원통한 일입니다. 장군께서 입고 있는 옷을 제게 주시어, 이 칼로 그 옷이나마 베고 죽을 수 있게 해 주시겠습니까?"

조양자는 예양의 충성심에 감동하여 자신의 윗도리를 벗어 병사에게 주며 말했다.

"이것을 예양에게 주어라."

옷을 받은 예양은 그것을 땅에 내려놓더니, 마치 실제로 철천지 원수를 만난 것 같은 성난 표정으로 큰 소리를 지르며 칼을 들어 세 번 내리쳤다. 그러고는 그 칼로 스스로 목숨을 끊었다.

병사들이 가져온 윗도리를 받은 조양자는 깜짝 놀랐다. 예양은 분명 새 칼로 옷을 베었는데, 칼에 맞은 자리마다 피가 묻어 있었던 것이다. 안 그래도 예양을 높이 평가하는 데다 이 모습에 간담이 서늘해진 조양자는 예양을 충신의 예로 양지바른 곳에 묻어 주라 분부했다.

하지만 얼마 못 가서 조양자는 병에 걸렸고, 시름시름 앓다가 죽고 말았다.

7.

싸움에 이긴 장수보다 더 큰 공을 세운 군주

진(晉)나라가 셋으로 나뉜 것은 앞에서 이미 말한 바 있다. 그 세 나라 중 가장 먼저 두각을 나타낸 것은 위(魏)나라였는데, 그것은 위문후라는 걸출한 군주가 있어 가능했다. 그는 스스로 공자의 제자인 자하에게 찾아가 학문을 배웠으며, 훌륭한 선비가 있다는 말을 들으면 직접 찾아가 예의를 갖추어 모셨다.

하루는 단간목이라는 선비가 높은 학식과 인품을 갖추고 있다는 말을 듣고 직접 찾아갔는데, 어지러운 세상사에 초연하고자 했던 단간목은 담장을 넘어 달아났다. 그러자 위문후는 그곳에 머물며 매일 단간목의 집을 찾아갔는데, 그의 집이 가까워지면 반드시 수레에서 내려 경의를 표했다. 단간목도 결국 감동하여 위문후를 영접했다.

이런 식으로 전자방과 단간목 같은 훌륭한 인물을 초빙하여 선생으로 모시고 국사를 의논하자 재주와 인품을 갖춘 선비들은 모두 위문후 밑에서 벼슬을 살고자 했다.

그러던 어느 날 위문후는 사냥을 담당하는 관리인 우인에게 분부했다.

"내일 오시에 사냥을 갈 것이니 준비를 하도록 하여라."

"네, 알겠습니다. 준비를 갖추고 사냥터에서 주군이 오시기를 기다리겠습니다."

그런데 다음 날 아침부터 비가 쏟아졌다. 날이 갤 생각을 안 하자 위문후는 신하들과 술을 마시며 비 구경을 했다. 그러다가 갑자기 위문후가 물었다.

"오시가 되려면 얼마나 남았는가?"

"이제 얼마 안 있으면 오시가 될 것입니다."

"그렇다면 속히 수레를 준비시켜라. 사냥터로 나갈 것이다."

"이렇게 비가 많이 오는데 어떻게 사냥을 하신단 말씀입니까?"

"나는 우인과 약속을 했다. 내가 취소를 하지 않았으니 그는 사냥터에서 나를 기다리고 있을 것이 틀림없다. 사냥을 할 수 없을지라도 그와의 약속을 어길 수는 없다."

위문후가 비를 맞으면서까지 우인과의 약속을 지켰다는 소문을 들은 백성들은 감탄하며 말했다.

"우리 주군께서는 자신이 한 말은 반드시 지키는 분이구나."

그리하여 국가에서 상을 주겠다고 권장하는 일은 벌떼같이 모여 하고자 했고, 국가에서 벌을 내리겠다고 금지한 일은 누구도 절대로 하지 않았다. 제후를 따라 신하와 백성들 모두가 투철한 준법의

식을 가지게 된 것이다.

그러던 중 진나라의 속국인 중산국의 제후가 조공도 바치지 않을 뿐 아니라, 주색잡기에 빠져서는 나라 꼴이 말이 아니고 중산국 백성들이 도탄에 빠졌다는 보고를 받고, 위문후는 중산국을 정벌하기로 결심하였다. 그가 신하들과 상의하자 한 신하가 말했다.

"중산국은 조나라와 가깝고 우리나라에서는 멀어서, 우리가 정벌한다 해도 지키기가 어렵습니다. 따라서 단순하게 군사를 거느리고 가서 항복을 받는 것이 아니라, 그곳 사람들로 하여금 우리 위나라에 진심으로 복종하게 할 수 있는 사람을 보내야만 합니다."

"그 일에 적임자가 있겠소?"

"문무를 겸비한 악양이라는 사람이 있습니다. 그 사람이야말로 이 일에 적임자입니다."

그러자 다른 신하가 반대한다.

"악양의 아들 악서는 현재 중산국에서 높은 벼슬자리에 있습니다. 어찌 그 아비를 정벌의 책임자로 삼을 수 있겠습니까?"

그러자 악양을 천거한 신하가 말한다.

"지난날 악양은 길에서 황금을 주워 집으로 가져간 일이 있습니다. 그때 그 아내가 '뜻 있는 선비는 바르지 못한 재물을 취하지 않는다 했습니다. 어찌 당신의 인격을 더럽힐 수도 있는 내력도 모르는 금덩이를 주워 오셨습니까?'라고 말하자 그 말에 크게 깨닫고 즉시 그 금덩이를 가져다 버렸습니다. 또한 악서의 천거로 중산국 군주가 악서를 보내어 악양을 초빙하자 그는 도리어 자신의 아들에게 '중산국 군주는 무도하니 너도 당장 그곳을 떠나 어진 군주를 찾

60

도록 하라. 그렇지 않으면 머지않아 커다란 화를 입을 것이다.'라고 꾸짖었다고 합니다. 그는 절대로 개인적인 사유 때문에 나라의 일을 망칠 사람이 아닙니다."

위문후는 고개를 끄덕이고는 악양을 불러 대화를 나누어 본 뒤 말했다.

"이제부터 중산국을 정벌하고 그곳의 민심을 안정시키는 어려운 일을 그대에게 맡기오. 나는 오직 그대를 믿고 기다릴 것이오. 중요한 것은 중산국 사람들이 우리에게 진심으로 복종하도록 하는 일이니 서두르지 말고 매사에 만전을 기하도록 하시오."

악양은 위나라 군대의 원수가 되어 대군을 이끌고 중산국으로 향하였다.

악양이 이끄는 위나라 군대는 중산국의 방어망을 가볍게 뚫고 호호탕탕 중산국 수도로 진격하여 성을 완전히 포위한 채 맹렬하게 공격했다. 그러자 중산국의 신하 하나가 계책을 내었다.

"위나라 원수 악양은 악서의 아버지입니다. 악서에게 명하여 악양을 물러나게 하라 하십시오."

중산국 군주가 악서를 불러 말했다.

"그대는 즉시 아버지를 설득해서 군사를 물리도록 하시오. 성공하지 못한다면 그대는 물론 가족까지 모두 참할 것이오."

악서는 할 수 없이 성벽에 올라 위나라 군사에게 자신이 악양의 아들임을 밝히고, 아버지와 할 얘기가 있으니 불러 달라고 말했다. 하지만 막상 아버지의 얼굴을 본 악서는 지난날 아버지의 충고를 생각하고는 부끄러워 아무 말도 못했다. 그러자 악양이 말했다.

"군자는 위태로운 나라에 머물지 않고 어지러운 조정에서 벼슬을 살지 않는다고 했다. 너는 내 충고를 무시하고 무도한 군주 밑에서 벼슬을 하면서 부귀만을 탐했을 뿐 군주를 올바른 길로 인도하지 못했다. 이제 위후께서는 중산국 백성들을 불쌍히 여겨 나로 하여금 그들을 해방시키고 위로해 주라 하셨다. 이제라도 네 주인을 설득하여 항복하게 하는 것이 지난날의 죄를 속죄하는 길일 것이다."

"항복 여부는 제가 결정할 수 있는 일이 아닙니다. 주군께 청하여 신하들과 의논하도록 할 것이니 한 달 동안만 공격을 멈추어 주십시오."

"좋다. 이제 북을 한 번 울리면 성을 정복할 수 있지만, 부자지간의 정을 생각하여 내 한 달의 말미를 허락하겠다."

한 달의 말미를 받았지만 중산국 군주와 신하들은 위나라가 공격을 멈추자 주색잡기만 즐기다가 아무 결정도 못하고 말았다. 그러자 다시 악서를 보내어 한 달을 더 청했고, 악양은 이런 식으로 세 번을 허락하여, 위나라 군대는 하는 일 없이 세 달의 시간을 보내게 되었다.

악양의 부장이 물었다.

"원수께서는 어찌하여 시간을 허비하고 계십니까? 혹시 다른 마음을 가지고 계신 것은 아닙니까?"

"중산국은 우리 위나라에서 멀어 직접 통치하기가 쉽지 않소. 그래서 주공께서는 나를 보낼 때 단순히 중산국을 쳐서 무찌를 것만을 지시하신 것이 아니라, 그곳의 민심이 우리나라에 진정으로 복종할 수 있도록 하라 하셨소. 우리가 공격을 하면 며칠 내에 성을 무너뜨릴 수 있겠지만, 중산국 병사들과 백성들도 목숨을 걸고 저항할 것이고, 자연히 아무 죄 없는 백성들의 피해도 커질 수밖에 없소. 이제 대국의 도량을 보임으로써 중산국 군사들의 예기는 누그러질 것이고, 우리가 백성들의 피해를 줄이기 위해 공세를 늦춘다는 소문을 들은 백성들은 무도한 자기 나라 임금을 원망하고 우리나라에 진심으로 복종할 것이오."

설명을 들은 부장은 악양의 식견에 감탄해 마지않았다.

한편 위나라 대신들 가운데는 악양이 하루아침에 원수가 된 데에 불만을 품은 사람들이 많았다. 그들은 악양이 공격을 멈추었다는 소식을 듣고 그를 참소하기 시작했다.

"악양은 중산국 왕과 중산국을 반씩 나누어 가진 후, 두 나라의 군대를 합쳐 도리어 우리 위나라로 쳐들어올 것이라고 합니다."

하지만 위문후는 신하들을 모아 놓고 말했다.

"나는 악양에게 중산국 정벌의 전권을 맡겼으니 그대들은 더 이상 아무 말 마시오."

위문후의 지시에도 불구하고 신하들은 계속해서 악양을 불러들이고 군권을 회수하라는 상소를 올렸지만, 위문후는 묵묵부답으로 일관할 뿐 모든 상소장은 읽어 보지도 않고 함 속에 집어넣은 채, 오히려 악양을 위해 좋은 집을 마련해 두라는 분부까지 내렸다.

소식을 들은 악양은 크게 감격했다.

세 달이 지나자 악양은 총공격을 명령했다. 뾰족한 수가 없자 중산국 군신들은 또 다른 계책을 내놓았다. 그들은 악서를 장대에 매달아 성 밖으로 내밀었다. 하지만 악양은 큰 소리로 악서를 꾸짖으며, 활을 가지고 나와 직접 그를 쏘려고 했다. 악서는 속히 자신을 내려 달라 병사들에게 소리쳤고, 중산국 병사들은 서둘러 그를 풀어 주었다.

그러자 중산국 신하 가운데 하나가 말했다.

"이제 방법은 하나뿐입니다. 악서를 죽여 그 고기로 국을 끓여서 악양에게 보내는 것입니다. 그 국을 보면 악양은 반드시 정신을 잃을 것입니다. 그러면 기회를 보아 기습공격을 하여 활로를 모색할 수 있습니다."

다음 날 악양에게 국 한 그릇이 배달되었다. 그것을 가지고 온 사람이 말했다.

"장군의 아들은 위나라 군사를 물리치지 못한 죄로 죽임을 당했습니다. 우리 임금께서는 장군께 그 국을 가져다드리라고 하시며, 공격을 멈추지 않으면 장군의 며느리와 손주들까지 모두 도륙할 것이라 말씀하셨습니다."

그러자 악양은 그 국 한 그릇을 단숨에 다 먹어 치우고는 말했다.

"변변치 못한 아들 녀석은 죽음을 자초한 것이나 다름없다. 너는 돌아가서 네 임금에게 위나라에도 커다란 가마솥이 있다고 전하도록 하라."

보고를 들은 중산국 군주는 큰 한숨을 내쉬고는 방으로 들어가 목을 매어 스스로 목숨을 끊었다. 중산국 신하들은 성문을 열고 항복했고, 악양은 간신들을 처벌한 뒤 백성들을 위로했다.

악양이 군대를 이끌고 개선하자 위문후는 성문 밖까지 직접 나가 환영했다. 모든 신하들도 만세를 부르며 승리를 축하했다. 잔치 자리에서 술잔이 몇 순배 돌고 나자 위문후가 시자에게 명령했다.

"그 상자를 이리 가져오거라."

상자가 나오자 위문후가 악양에게 말했다.

"과인의 마음이 들어 있으니 집에 가서 열어 보도록 하시오."

악양은 물론 그 자리에 있던 모든 신하들도 그 속에 갖은 보물이 들어 있을 것이라고 생각했다. 하지만 집에 가서 상자를 열어 본 악양은 깜짝 놀랐다. 상자 가득 들어 있는 상소문들은 모두 악양이 배반을 할 것이니 즉각 소환해서 죽여야 한다는 내용이었다.

다음 날 악양은 위문후를 찾아가 말했다.

"이번에 중산국을 정복한 것은 오로지 주군의 공입니다. 아무리 신이 견마지로를 다했다 한들, 그 많은 참소에도 저를 믿어 주는 주군이 안 계셨다면 어찌 성공할 수 있었겠습니까?"

"무슨 소리요? 장군이 있었기 때문에 그 큰일을 성취할 수 있었소."

위문후는 악양에게 큰 상을 주고 한 군을 봉하여 주었다.

훗날 신하 한 사람이 위문후에게 물었다.

"악양은 훌륭한 장군입니다. 그럼에도 그를 지방에 봉하고 원수 직책을 거두어들인 것은 무엇 때문입니까?"

위문후는 아무 대답도 없이 빙긋 웃기만 했다. 그 얘기를 전해 들은 다른 신하가 말했다.

"옛날 제환공은 자기 자식을 죽여 아첨한 역아를 지나치게 신임했다가 제 명에 죽지 못했소. 악양은 재주는 뛰어나나, 공명을 위해

아들을 죽인 사람이오. 그런 사람의 재주는 한 번 사는 것으로 족하
오.”

　그제야 모든 사람들은 고개를 끄덕였다.

8.

수신(水神)에게 아첨하는 대신 저수지를 지은 목민관

당시 위나라 땅 중에 태수 자리가 빈 곳이 있었는데, 그곳은 조나라 및 한나라와 국경을 맞대고 있는 군사적 요충지였다. 그래서 위문후는 명장 서문표를 그곳의 태수로 임명하였다.

서문표가 부임지에 당도해 보니 성안에 백성들도 많지 않은 데다가 전혀 활기가 없었다. 서문표가 동네의 백성들을 불러 친절히 다독이며 그 까닭을 물었더니 그들이 한목소리로 말했다.

"황하의 신이 매년 신부를 얻는 바람에 살기가 너무 힘듭니다."

"수신(水神)이 어떻게 신부를 얻는단 말이오?"

"이곳의 수신은 아름다운 여자를 매우 좋아해서 매년 새로 신부를 바쳐야만 합니다. 그렇지 않으면 수신이 노하여 홍수가 나서 커다란 피해를 보게 됩니다."

"그렇다면 지금까지 이 마을은 홍수를 몇 차례나 겪었소?"

"해마다 한 번도 거르지 않고 처녀를 바쳤기 때문에 그동안 수해를 당한 일은 없습니다. 하지만 매년 가뭄 때문에 고생하는 경우가 많습니다."

"그렇다면 맨 처음에 하백이 아름다운 여성을 좋아하니 매년 새 신부를 바쳐야 한다는 말은 어디에서 나온 것이오?"

"무당이 그렇게 말했습니다. 이곳 사람들은 수해를 두려워하기 때문에 무당의 말을 따르지 않을 수 없습니다. 그런데 무당은 세도가들과 짜고 처녀를 바치는 의식에 필요하다 하여 많은 비용을 추렴해서는, 그 가운데 일부만을 사용하고 나머지는 자기들끼리 나누어 가집니다.

게다가 무당은 봄마다 신붓감을 구하러 다니는데, 무당이 예쁜 처녀를 점찍으면 그 부모는 딸을 지키기 위해 많은 재물을 바칩니다. 그러면 무당은 그 처녀를 놓아 주고 또 다른 집으로 갑니다. 결국 가난한 백성들만 딸을 빼앗기게 됩니다.

그래서 이곳을 떠나는 백성들이 많은 데다가, 이곳에 사는 사람들도 무당과 세도가들이 또 어떻게 재물을 뜯어 갈지 두려운지라 활기를 잃게 된 것입니다."

서문표는 머리를 끄덕였다.

서문표는 모른 척하고 기다리다가 하백에게 신부를 바치는 날이 다가오자 관리에게 명령했다.

"하백이 그리 영험하다 하니 나도 신부를 바칠 때 직접 나가서 보고 홍수를 막아 달라고 빌 것이다. 그리 알고 준비하도록 하라."

마침내 행사 날이 되자 서문표는 병사들 몇 명을 이끌고 의식이

행해지는 강가로 나갔다. 그곳에는 관내의 모든 관리들과 세도가의 세 노인뿐 아니라 의식을 구경하려는 백성들까지 모여 발 디딜 틈이 없을 정도였다.

의식은 무당이 굿을 한 뒤 간택된 여자를 갈대로 만든 배에 태워 강물에 떠내려 보내는 순서로 진행될 예정이었다. 무당의 말에 따르면 갈대로 만든 배가 가라앉아 여자가 물속에 빠져 들어가는 것은 곧 하백이 신부를 맞이한다는 신호라는 것이었다.

이윽고 의식이 시작될 때가 되자, 관리들과 세도가의 노인들이 무당을 신임 태수 서문표에게 데리고 와서 인사시켰다. 늙은 무당은 매우 거만했으며, 20여 명의 젊은 무당들을 제자로 거느리고 다녔다. 서문표가 무당에게 말했다.

"수고가 많다. 내가 오늘 하백에게 보내는 신부를 직접 만나 보고 전송하고자 하니 이리 데리고 오도록 하라."

무당이 제자를 시켜 처녀를 데리고 오자 서문표가 무당에게 말한다.

"하백은 아름다운 여인을 좋아한다 하던데, 이 여인은 별로 아름답지 못하니 오히려 하백의 노여움만 살까 두렵다. 시간을 더 들이더라도 하백이 만족할 만한 여자를 구하는 것이 좋겠다. 수고스럽겠지만 자네가 직접 가서 하백에게 나의 뜻을 전하고 오거라."

서문표가 병사들에게 지시하자, 병사들이 달려들어 무당을 배에 태워 강물 한가운데로 데리고 가서는 던져 버렸다. 모든 사람들은 깜짝 놀라 어쩔 줄 몰라 했지만, 서문표는 태연하게 한참을 기다리는 척하더니 부하들에게 다시 지시했다.

"내게 돌아와서 보고하라 했는데, 무당이 한 번 가더니 돌아오지 않는구나. 어찌 된 연유인지 무당의 제자를 다시 보내어 보아라."

그러자 병사들은 무당의 제자 가운데 가장 나이가 많은 여자를 또 강 한가운데로 데리고 가서 던져 버렸다.

구경하던 백성들은 한편으로는 놀라고 한편으로는 통쾌해하며 수군거렸다.

"새로 오신 태수는 정말 명관이시네."

"눈 하나 깜빡하지 않고 저렇게 일사천리로 일을 해결하다니 대단하지 않은가?"

서문표는 한동안 진지하게 자리에 앉아 기다리더니 다시 말했다.

"아무래도 여자들은 말을 잘 전하지 못하는가 보다. 수고스럽겠지만 노인 세 분이 직접 다녀오셔야겠소. 여봐라, 저 세 노인을 보내 드리도록 하라."

안 그래도 벌벌 떨고 있던 노인들이 무슨 말인가 하려 했지만, 병사들은 노인들이 입을 열기도 전에 강물 한가운데로 끌고 가서 던져 버렸다. 서문표는 다시 의관을 바로잡고 단정히 앉아 기다렸다. 그리고 또 그만큼의 시간이 지나자 말했다.

"안 되겠다. 이번에는 관리들을 보내 보아야겠다."

그러자 모든 관리들이 일제히 엎드려 한 번만 용서해 달라고 애걸복걸하며 끌려가지 않으려고 버텼다. 그러자 서문표가 말한다.

"됐다. 그 정도로 하고 놓아주거라. 또 하백에게 신부를 바쳐야 하느니 등등의 유언비어를 퍼뜨리는 자를 보거든 누구라도 내게 즉시 보고하라. 내 그자를 하백에게 직접 보내어 중매를 서도록 하겠다. 무고한 처녀들을 죽이고 백성들을 괴롭히는 데 일조한 너희 관리들의 죄는 죽어 마땅하나, 한 번만 기회를 줄 것이다. 무당과 세도가의 재산은 전부 몰수하고, 너희도 부당하게 축재한 재산을 자발적으로 내놓도록 하라. 그리하여 그간 억울하게 피해를 본 백성들에게 모두 나누어 주도록 하라."

이후 서문표는 그 일대의 지형을 측량하여 저수지를 만들었다. 그 후로 백성들은 홍수는 물론 가뭄에도 물 걱정 없이 농사를 지을 수 있게 되었다. 백성들의 생활은 점점 나아졌고 떠나갔던 백성들까지 되돌아왔으니, 이 모든 것이 훌륭한 목민관 덕분이었다.

9.

절세의 재주를 가졌으나 덕이 없는 자의 비참한 말로

『손자병법』과 더불어 최고의 병법서로 꼽히는 『오자병법』의 저자 오기는 어린 시절 툭하면 쌈질이나 하고 다니는 무뢰한이었다. 그는 독하고 지기 싫어하는 성격의 소유자라, 아무리 강한 상대라도 반드시 이겨야만 직성이 풀렸다.

그러던 어느 날 그의 어머니가 눈물을 흘리며 그를 꾸짖었다. 한두 번 있는 일도 아니었지만, 그날 어머니의 말 중에 그의 자존심을 건드린 내용이 있었나 보다. 오기가 자기 팔을 물어뜯은 뒤 말했다.

"이제 저는 한 나라의 정승이 되어 큰 수레를 타고 깃발을 휘날리지 못하는 한 다시는 어머니를 뵙지 않겠습니다."

깜짝 놀란 어머니가 울면서 극구 만류했지만, 그는 뒤도 돌아보지 않고 떠나갔다. 노나라로 간 오기는 공자의 수제자인 증삼 문하

에서 학문을 공부했다. 그 후 밤낮으로 쉬지 않고 책을 읽은 오기의
발전은 그야말로 놀라웠다. 노나라를 찾은 제나라의 대부 한 사람
이 오기의 소문을 듣고 만나러 왔다가, 그의 해박한 지식에 반하여
그를 사위로 삼았을 정도였다. 그러던 어느 날 증삼이 오기에게 물
었다.

"자네가 이곳에 온 지 벌써 6년이 지났다. 그런데 자네에게는 노
모가 계시다면서 한 번도 어머니를 뵈러 가지 않으니 어찌 된 일인
가?"

"저는 정승이 되지 않으면 돌아가 어머니를 뵙지 않겠다고 맹세
했습니다."

증삼은 효(孝)를 무엇보다 중시했던지라 그 대답을 들은 후로 오
기를 별로 탐탁지 않게 생각했다. 그런데 몇 달이 지나고 나서 오기
의 어머니가 돌아가셨다는 전갈이 왔다. 하지만 오기는 하늘을 우
러러 한 번 통곡하고는 다시 책을 읽는 것이었다. 증삼은 크게 노하
여 오기를 파면해 버렸다.

오기는 다시 병법을 공부하여 수년 만에 일가를 이룬 뒤, 벼슬을
하기 위해 노나라로 갔다. 노나라에서는 그의 재주를 높이 사서 대
부 벼슬을 주었다. 오기는 벼슬을 얻자마자 많은 여자들을 첩으로
들였다.

그때 제나라가 노나라를 침범한 일이 있었다. 노나라의 정승이
노후에게 말했다.

"제나라 군사를 막을 사람은 오기밖에 없습니다. 그를 원수로 삼
아 제나라 군대를 막도록 하십시오."

"오기의 재주가 뛰어남은 내 모르는 바 아니나, 그의 아내는 제나라 사람이 아니오? 그에게 병권을 맡겼다가 그가 제나라와 내통하기라도 하는 날에는 정말로 큰일이 아니오?"

정승에게 그 얘기를 들은 오기는 집으로 가서 아내를 불러 말했다.

"당신도 내가 큰 공을 세워 높은 지위에 올라 후대에 이름을 남기기를 원할 것이오. 그렇지 않소?"

"당연한 말씀입니다."

"그럼 당신이 한 가지 도와줄 것이 있소."

"그것이 무엇입니까?"

"당신의 목숨을 내주는 것이오."

그의 부인이 놀랄 틈도 없이 오기는 칼을 들어 아내를 죽였다. 그러고는 노후에게 가서 말했다.

"제 아내가 제나라 사람이라 저를 신임하지 않으신다 하기에, 저는 두 마음이 없음을 보이기 위해 제 손으로 그녀를 죽였습니다. 제나라를 무찌르는 일을 제게 맡겨 주시기 바랍니다."

노후는 오기에게 잠시 돌아가 있으라고 말한 뒤, 정승을 불러 말했다.

"오기는 부귀영화를 위해 아내까지 죽이는 사람이오. 그런 사람을 어찌 등용할 수 있겠소?"

"하지만 그를 등용하지 않으셔서 그가 제나라를 섬기기라도 하는 날에는 그야말로 큰일입니다. 일단 그에게 제나라 군대를 막는 일을 맡기십시오."

노후에게는 선택의 여지가 없었다. 드디어 오기는 노나라 군대의

74

원수가 되었다.

전쟁터에 나간 오기는 이전과 완전히 달라진 모습을 보였다. 그는 사병들과 똑같이 먹고 잠자리를 함께했으며, 부하들이 무거운 짐을 들고 가는 것을 보면 함께 나누어 들곤 했다. 심지어는 한 병사의 발에 종기가 나자, 자신이 그 고름을 입으로 빨아 치료해 주기도 했다. 그 소식을 들은 병사의 어머니가 자기 자식이 곧 죽을 것을 예감하고 통곡했다는 이야기는 유명한 일화이다. 실제로 그 병사는 사령관 오기의 은혜를 갚기 위해 목숨을 걸고 용감히 싸우다가 전사하고 말았다.

이렇게 노나라 군대를 일치단결시킨 오기는 탁월한 용병술로 단박에 제나라 군대를 박살내고 말았다. 제나라 정승이 자신의 부하 장수를 불러 말했다.

"오기는 손무와 같은 무서운 인물이다. 그가 노나라에 있는 한 우리 제나라 사람들은 다리를 뻗고 잘 수가 없다. 오기가 노나라에서 발을 붙이지 못하도록 해야만 한다. 무슨 좋은 방법이 없겠는가?"

"오기는 탐욕스러운 인물입니다. 그에게 많은 재물과 미녀를 뇌물로 주면 그는 기쁘게 받을 것입니다. 그 소문이 노후의 귀에 들어가도록 하면 오기는 노나라에 머물 수 없을 것입니다."

정승의 허락을 받고, 그 장수는 여러 명의 미녀와 많은 재물을 가지고 몰래 노나라로 가서 오기에게 바치면서 말했다.

"우리 주공께서는 지난번 노나라를 친 것은 장군이 계신 줄 몰랐기 때문이라고 말씀하시면서, 장군을 존경하는 의미에서 작은 선물을 보내셨습니다. 부디 제나라와 노나라가 우호관계를 유지하도록 도와주시기 바랍니다."

오기는 재물과 미녀가 욕심나기도 하는 데다가, 제나라 제후가 자신에게 아부하는 것에 만족하여 거만하게 말했다.

"알겠소. 내가 노나라 군대의 원수로 있는 한 우리가 제나라를 먼저 치는 일은 없을 것이라 전하시오."

뇌물을 가지고 온 제나라 장수는 돌아가면서 가능한 한 많은 노나라 사람들에게 그 사실을 소문내었다. 그 소문은 얼마 못 가서 노후의 귀에도 들어갔다. 노후는 크게 노하여 말하였다.

"그놈을 즉각 잡아다 죄를 묻도록 하여라."

하지만 오기는 한 발 빨랐다. 노후가 자신을 죽일 것임을 눈치채고, 모든 것을 버리고 혈혈단신으로 위나라로 도망한 것이다.

당시 위나라는 위문후가 국내적으로 훌륭한 정치를 하고, 악양을 등용하여 중산국을 흡수하는 등 국력을 떨치고 있었지만, 진(秦)나라와의 접경 지대인 서하 땅을 다스릴 태수가 필요했다. 한 신하로부터 오기를 추천받은 위문후 역시 망설였다.

"그는 탐욕스러울 뿐 아니라 잔인하여, 공을 세우기 위해 자기 아내를 죽이고 또 적국인 제나라로부터 뇌물을 받은 자가 아니오?"

"저는 다만 군사적 요충지인 서하 태수의 임무를 잘해 낼 만한 사람을 추천했을 뿐입니다. 그 사람의 재주만 취하여 쓰고, 분에 넘치는 자리를 맡기지 않으면 되지 않겠습니까?"

위문후는 고개를 끄덕이고는 오기를 불러 시험해 본 뒤 서하 태수로 임명했다.

오기는 노나라 원수를 맡았을 때처럼 또 180도 다른 사람이 되어, 병사와 백성들을 사랑하고 모든 일에 솔선수범했다. 또한 진나라의 침입에 대비하여 성을 쌓고 군사들을 조련하여 만반의 준비를 갖추었다. 그뿐만 아니라 진나라가 국내 정치로 혼란한 틈을 타서 서하 지방 근처의 다섯 성을 빼앗기까지 했다.

얼마 뒤 위문후가 병이 나서 죽고 그 아들이 군위에 올랐으니, 그가 위무후이다. 이때 오기는 볼일이 있어 도성에 와 있었다. 위무후가 즉위하여 새로운 정승을 임명한다는 소식을 들은 오기는 자신이 정승이 될 것이라는 기대가 컸다. 자신이 매우 큰 공을 세웠다고 생각하는 데다가, 자신만한 사람이 없다고 자부했기 때문이다. 그런데 막상 다른 사람이 임명되자 실망한 채 궁을 나가려는 차에, 신임 정승이 된 사람을 만났다. 오기가 그에게 따져 물었다.

"군대를 통솔하여 주변 국가들의 침입을 막고 그들이 우리에게 복종하도록 하는 일에 당신과 나 중에 누가 더 낫소?"

"제가 어찌 장군보다 낫겠습니까?"

"그렇다면 여러 신하들을 인솔하여 백성을 통치하는 데에는 당신과 나 중 누가 더 낫소?"

"제가 장군만 하겠습니까?"

"그런데 당신이 정승이 되었으니, 당신은 부끄러운 줄을 알고 스스로 그 자리에서 물러나야 할 것이오."

오기가 오만방자하게 구는데도 신임 정승은 예를 잃지 않고 겸손한 태도로 일관했다. 마침 지나다가 두 사람의 대화를 우연히 듣게 된 내시 하나가 이 말을 위무후에게 고해바쳤다. 위무후는 화를 내면서 명령했다.

"오기는 참으로 교만하고 탐욕스러운 자이다. 그런 자가 불만을 품었으니 무슨 짓을 할지 모른다. 그에게서 서하 태수의 직을 거두어들이고, 다른 적임자를 물색하도록 하라."

오기는 다시 자신에게 위험이 닥칠 것을 감지하고 즉시 위나라를 떠나 초나라로 도망쳤다.

초도왕은 어떻게 하면 중원의 패권을 쥘 수 있을지 고민하던 차에, 이미 명성이 자자한 오기가 초나라로 오자, 몇 마디 문답을 나눈 후 그의 과거 행실을 전혀 문제 삼지 않은 채 즉시 그를 정승으로 삼았다. 오기는 감개무량했다. 젊은 날의 맹세를 드디어 지켰기 때문이다.

며칠 뒤 오기는 초왕에게 말했다.

"드넓은 땅과 풍부한 산물, 많은 군사를 가진 초나라가 모든 나라들을 굴복시키지 못하는 데는 까닭이 있습니다. 지나치게 많은 왕족과 귀족들이 국록을 받아 가며 무위도식하고 있으며, 그에 기생하는 관리들도 적지 않습니다. 그들에게 새어 나가는 국록을 모두 몰수하여 나라를 위해 목숨 바쳐 싸우면서도 지나치게 푸대접을 받고 있는 병사들을 후하게 대접하신다면, 국력은 신장되고 모든 나라들은 저절로 복종할 것입니다."

초왕은 기뻐하며 고개를 끄덕였다.

오기의 정책이 시행되자, 풍족한 국록을 하루아침에 잃게 된 왕의 친척들과 귀족들, 그리고 관료들이 불평불만을 쏟아 내며 말했다.

"오기는 두 나라에서 쫓겨난 인물입니다. 그의 말을 들어서는 안 됩니다.”

“왕족과 귀족들을 홀대하고 흥한 나라는 없습니다.”

“그는 언제 우리나라를 배신할지 모르는 사람입니다. 당장 내쫓아야 합니다.”

하지만 정책이 시행되자마자, 국고에 재물이 넘쳐나고, 확 달라진 대우를 받는 병사들의 사기가 하늘을 찔렀다. 초도왕은 매우 기뻐했고, 오기의 정책을 절대적으로 신임하고 후원했다. 오기의 말대로 모든 국가들은 초나라를 두려워하여 복종했다.

그런데 얼마 못 가서 초도왕이 세상을 떠나고 말았다. 그러자 장례식을 치르기도 전에 왕족과 귀족들이 일제히 궁으로 들어가 오기를 잡아 죽이려고 했다. 오기는 이리저리 피할 곳을 찾다가 퇴로가 막히자 궁궐 안에 있는 왕의 침실로 들어갔다.

왕족과 귀족들은 오기의 무예가 뛰어남을 알고 있었던지라 다가가지 못한 채 화살을 쏘기 시작했다. 오기는 초도왕의 시체를 방패삼은 채 외쳤다.

“왕의 시체를 손상시키는 것은 대역죄로, 죽음을 면치 못할 것이다. 그래도 화살을 쏠 테면 쏘아 보거라.”

성난 군중들은 이성을 잃고 화살을 날렸다. 왕의 시체에도 화살이 박혔으나, 무수히 날아오는 화살 속에서 오기도 무사할 수는 없었다. 그는 결국 왕의 시체 옆에 쓰러져 죽고 말았다. 이후 세자가 왕위에 오르자, 선왕의 시체에 화살을 쏜 사람들을 모두 잡아들이라 분부했다. 그리하여 초나라의 70여 집안이 몰살당하고 말았다. 그는 죽으면서도 원수를 갚은 것이다.

『손자병법』의 저자인 손무와 비견할 만한 재주를 가졌지만 손무
와 같은 통찰력과 인덕을 갖추지 못했던 오기는 이렇게 손무와는
전혀 다른 비참한 최후를 맞았다.

10.

은혜를 갚기 위해 스스로의 얼굴을 난자하고 목숨을 끊다

한(韓)나라의 한 지방에 엄수라는 큰 부자가 살고 있었다. 그는 어느 날 협루라는 이름의 가난뱅이를 만나 우연히 대화를 나누게 되었는데, 그는 참으로 아는 것도 많고 똑똑했다. 엄수가 협루에게 말했다.

"당신은 정말 유식하구려. 이런 곳에서 썩히고 있기 아깝소."

"때를 못 만났을 뿐이지, 언젠가 이 나라의 정승 자리는 내 것이 될 것이오."

"그대의 재주로는 능히 그러고도 남을 것이오. 그대는 그때를 준비하며 학문을 연마하는 데 전념하시오. 그대의 뒷바라지는 내가 하리다."

엄수는 그날부터 협루에게 필요한 모든 것을 마련해 주고 생활비도 대 주었다. 협루는 고마워하며 몇 번이고 말했다.

"이 은혜는 잊지 않겠소. 내 정승 자리에 오르면 반드시 그대를 천거하여 높은 벼슬에 오르도록 하겠소."

돈은 많았지만 관직과 명예를 선망하던 엄수는 매우 기뻐했다. 그러던 어느 날 협루가 엄수에게 큰돈을 요구하며 말했다.

"이제 준비는 끝났소. 내가 우리나라 도읍으로 가서 내 재능을 알려 관직을 얻을 것이오. 정승의 자리에 오르자면 그 정도 돈은 필요할 것이오. 길어야 1년이면 될 것이니 내 연락을 기다리도록 하시오."

엄수는 선뜻 돈을 내주었고, 협루는 한나라의 수도로 떠났다.

1년여가 지나자 정말로 협루라는 사람이 정승이 되었다는 소식이 들려왔다. 엄수는 자기 일처럼 기뻐하며 협루가 자신을 불러 주기만을 기다렸다. 그러나 몇 달이 지나도 연락이 없었다. 그 모습을 지켜보던 친구가 엄수에게 말했다.

"정승이라는 자리가 얼마나 눈코 뜰 새 없이 바쁘겠나? 한가롭게 자네에게 연락할 시간이 없을 것이니, 그러지 말고 자네가 정승의 관저로 한번 찾아가 보게."

엄수가 정승의 관저에 가 보니 협루의 위세는 실로 대단했다. 정승을 만나러 온 사람들이 길게 늘어서 있었지만, 대부분은 문간에서 쫓겨나고 말았다. 하지만 엄수는 느긋한 마음으로 기다려서는 자기 차례가 오자 문지기에게 의젓하게 말했다.

"나는 정승과 형제 같은 사이로, 엄수라고 하네. 정승에게 내가 왔다고 전해 주게."

잠시 후 정승에게 보고하고 온 문지기는 화를 내며 말했다.

"정승께서는 그런 이름을 들어 본 적도 없다고 하시는데, 무슨 그런 거짓말을 하시오? 경을 치기 전에 어서 돌아가시오."

엄수는 어이가 없었지만, 뭔가 착오가 있겠지 하면서 날마다 승상부에 편지를 올렸다. 하지만 역시 아무런 답도 없었다.

엄수는 작전을 바꾸었다. 한후(韓侯)를 가까이서 모시는 신하들에게 뇌물을 써서 한후를 직접 만나게 된 것이다. 엄수는 한후에게 많은 재물을 바쳤고, 한후는 엄수에게 높은 벼슬자리를 약속했다. 하지만 며칠 뒤 약속된 벼슬자리는 다른 사람에게 돌아갔다는 소식이 들려왔다. 엄수가 전에 뇌물을 썼던 신하들에게 물어보니 정승 협루가 사람을 함부로 써서는 안 된다고 극력 반대했다는 것이다. 엄수는 이를 갈면서 하늘을 보고 말했다.

"이 배은망덕한 놈! 어디 두고 보자."

그날로 엄수는 한나라를 떠났다. 그는 전 재산을 써서 천하를 다 돌아다니더라도 자신의 원수를 갚아 줄 만한 사람을 찾을 작정이었다. 그러던 중 제나라의 어느 마을의 도살장 옆을 지나던 엄수는 눈이 번쩍 뜨이는 장면을 목격했다. 한 사내가 수십 근은 족히 넘을 만한 도끼로 소를 잡고 있었는데, 그는 별로 힘도 들이지 않는 것처럼 보였지만 소는 그의 도끼질 한 번에 뼈가 으스러져 죽고 말았던 것이다.

엄수는 그가 일을 끝내기를 기다려서 조용한 곳으로 청한 뒤 물었다.

"내 보건대 장사께서는 범상한 인물이 아님이 분명합니다. 존함은 어찌 되시며, 왜 이런 일을 하고 계시는지요?"

"저는 원래 위나라 사람으로, 이름은 섭정이라고 합니다. 성격이 불같고 불의를 보면 못 참는 성격이지요. 마을 사람에게 못된 짓을 저지르는 관리를 혼내 준다는 것이 일이 커져서 그 관리가 제 주먹에 맞아 죽고 말았습니다. 그래서 노모와 누님을 모시고 이곳 제나라로 도망쳐서 백정 일을 하며 입에 풀칠을 하고 있습니다. 선생께서는 성함이 어찌 되시며, 왜 저를 이렇게 청하셨는지요?"

엄수는 자신의 이름만 가르쳐 준 뒤, 자세한 이야기는 다음 날 만나서 하자고 했다.

이튿날 섭정을 다시 찾아간 엄수는 그를 조용한 술집으로 데리고 갔다. 술이 몇 순배 돌자, 엄수는 섭정에게 커다란 황금덩어리를 내놓았다. 섭정이 깜짝 놀라 물었다.

"아니, 대체 무엇 때문에 제게 이런 큰 재물을 주시는 것입니까?"

엄수는 협루와의 사이에 있었던 일을 모두 설명한 뒤, 반드시 원수를 갚아야 하니 도와달라고 말했다. 그러자 섭정이 말한다.

"저도 그런 불의한 자를 벌하고 싶은 마음이 굴뚝같습니다. 하지만 저는 노모를 봉양해야 하는 몸이라 선생의 부탁을 들어드릴 수 없습니다."

"그대의 사정을 이해합니다. 어찌 제 사정만 보아줄 것을 고집하겠니까? 이 금은 제 부탁과는 무관하게 그대를 존경하는 뜻에서 드리는 것이니 사양 말고 받아 주기 바랍니다."

엄수의 정중한 부탁에 섭정은 마지못해 금덩어리를 받았다. 엄수는 섭정과 의형제를 맺었으면 하는 뜻을 밝혔다. 섭정이 허락하여 그날부터 엄수는 섭정의 형이 되었고, 섭정은 동생이 되었다.

섭정은 엄수에게 받은 재물로 누이를 좋은 곳으로 시집보내 주었다. 그리고 어머니께도 좋은 옷과 맛있는 음식으로 극진히 봉양하였다. 엄수도 섭정의 집에 자주 들러 섭정의 어머니께 인사를 드리고 갖가지 선물을 사다 드리곤 했다.

그렇게 1년여가 지났을 때쯤 섭정의 어머니가 노환으로 돌아가셨다. 엄수는 자기 일처럼 슬퍼했을 뿐 아니라, 장례를 성대하게 치를 수 있도록 모든 조치를 하고 비용을 부담했다. 장례가 모두 끝나자 섭정이 엄수에게 말했다.

"형님 덕에 누님께서는 좋은 곳으로 출가했고, 어머니께 자식 된 도리도 다할 수 있었습니다. 이제 저는 형님께 받은 하해와 같은 은혜에 보답하고자 합니다. 제가 이제 떠나면 이 세상에서는 형님을 다시 뵙지 못할 것입니다."

엄수는 고개를 숙인 채 아무 말도 못했다. 섭정은 그런 엄수를 뒤로한 채, 뒤도 돌아보지 않고 떠났다.

섭정은 한나라 승상부 근처에 숙소를 잡아 놓고 기회를 보았다. 그러던 어느 날 섭정은 정승의 행차를 따라 승상부에 들어갔다. 잠시 후 저 멀리 당 위에 승상이 나타났는데, 좌우로는 무장한 병사들이 늘어서 있었다. 승상은 서류에 결재를 해 주기도 하고 호명된 사람들을 면담하기도 했다.

그렇게 반나절을 기다리던 섭정은 드디어 좋은 기회를 포착하여 갑자기 소리를 지르며 당을 향해 달려갔다.

"급한 일이오. 위나라에서 온 전갈이오. 승상은 어디 계시오?"

놀란 병사들이 섭정을 제지하려 했지만, 천하장사 섭정이 팔을 뿌리치자 십여 명의 군사들이 이리저리 엎어지고 나뒹굴었다. 잠시 졸고 있던 협루가 소란스러운 소리에 잠에서 깨어 무슨 일인지 고개를 돌리고 쳐다볼 때쯤 섭정은 이미 나는 듯이 당 위로 뛰어올라 와 있었다. 그리고 협루가 무슨 말을 하려고 입을 벌리는 순간, 섭정의 칼이 협루의 가슴을 관통했다. 협루는 신음 소리를 내면서 그 자리에서 쓰러져 죽었다.

승상부는 곧 아수라장으로 변했다. 급히 연락을 받고 출동한 병사들이 섭정을 에워싸는 동시에, 승상부의 문을 걸어 잠가 버렸다. 이런 상황을 섭정은 이미 예상하고 있었다. 그래서 그는 그 다음 계획을 실행에 옮겼다. 그는 칼로 자기 얼굴을 도려낸 뒤 손으로 얼굴 가죽을 확 벗겨 버렸다. 병사들이 끔찍한 모습에 깜짝 놀라 물러서자, 다시 자신의 두 눈알을 뽑아 던진 뒤 목을 찔러 자결했다.

승상부에서 정승이 살해된 이 끔찍한 사건을 보고받은 한후가 놀라서 물었다.

"범인의 신원은 파악하였느냐?"

"스스로 얼굴 가죽을 벗기고 눈알까지 뽑아 버렸으니, 누군지 알아볼 방법이 없습니다."

"그렇다면 시체를 저잣거리에 전시하고, 범인의 신원을 고발하여 정승 살해의 배후를 밝히는 데 도움을 주는 자에게는 상으로 천금을 하사하겠다고 공고하도록 하라."

그 이후 수일 동안 무수히 많은 사람들이 시체를 보고 공고문을 읽었다. 혹시 천금을 받을지 모른다는 생각에 천 리 길을 멀다 않고 온 사람들도 적지 않았다. 그러던 어느 날 한 여인이 시체를 끌어안고 하염없이 구슬프게 흐느껴 울었다. 보고를 받고 나온 담당 관리가 그녀에게 물었다.

"너는 그 시체가 누구인지 아는가?"

"이 사람은 내 동생 섭정이오."

"그렇다면 당신의 동생은 왜 정승을 살해했는가?"

"내 동생은 불의를 보면 참지 못하는 의로운 사나이오. 그런데 이 나라 정승이 커다란 불의를 저질렀기 때문에 그를 죽인 것이오. 동생은 이 누이에게 화가 미칠까 봐 스스로 얼굴을 알아보지 못하도록 한 것이오."

"그렇다면 너는 동생에게 정승을 죽이도록 사주한 자가 누구인지 알 것이다. 그자가 누구인지 사실대로 밝힌다면 네 목숨을 살려 줄 뿐 아니라 상금도 받을 수 있도록 해 주겠다."

"내가 이곳에 온 것은 내 동생이 의로운 일을 했음을 밝혀 동생의 죽음을 헛되이 하지 않기 위함이오. 죽음이 두려웠다면 이곳에 오지도 않았을 것이오. 내가 여기에서 배후 인물을 밝힌다면 그것은 동생의 뜻을 저버리는 것이니, 어찌 그렇게 할 수 있겠소?"

섭정의 누이는 말을 마치자, 옆에 있는 정자의 기둥에 몸을 날려 머리를 찧고 죽었다. 보고를 받은 한후는 두 남매의 시신을 잘 묻어 주라고 분부했다.

11.

미친 척하여 사지(死地)에서 벗어나다

당시 제나라에서는 전씨(田氏)가 강씨(姜氏)를 몰아내고 제나라를 차지했다. 이후 전씨는 초나라와 오나라, 월나라 등이 이미 왕이라 칭하는데 자신이 그들만 못한 것이 무엇이냐면서 스스로 왕이라 칭했다. 그러자 위후(魏侯)도 뒤따라 자신을 왕이라 칭하였다.

이전까지는 중원의 영향력 밖에 있으며 자칭 타칭 오랑캐라 불리는 나라들만이 왕의 호칭을 썼지만, 이후로는 모든 나라가 왕호를 쓰게 된다. 왕이란 호칭을 쓴다는 것은 자신이 천하의 유일한 최고 권력자임을 선포하는 것이며, 이로써 다른 나라를 인정하지 않고 합병하려는 죽기 아니면 살기의 전쟁이 계속되는 것이다.

이 무렵 망해 가는 주나라의 귀곡(鬼谷)이라는 곳에 세상을 초탈한 은자가 한 명 살고 있었는데, 사람들은 그를 귀곡 선생이라 불렀다. 그는 손무와 묵적 등 당대 최고의 명사들과 교류했고, 세상의 모든 학문에 통달했을 뿐 아니라, 신선이 되는 비법까지 익힌 사람이었다.

그는 신선계에 함께 갈 제자나 몇 명 키워 볼까 하는 마음에 제자들을 받아 학문을 가르쳤는데, 그 가운데 손빈과 방연, 그리고 소진과 장의가 가장 출중했다. 그들은 각자 한 분야에서 일가를 이루었다. 하지만 선생과 달리 그들은 세상에 나가 출세하는 데 뜻을 두었다.

그 가운데 가장 먼저 빛을 본 것은 방연이었다. 귀곡 선생 문하에서 몇 년째 병법을 배우던 어느 날, 그는 산 밑으로 심부름을 갔다가 우연히 사람들이 하는 말을 들었다.

"지금 위나라에서는 천하의 인재를 구하고 있다지요? 그런데 많은 재물을 풀어도 장군이나 재상이 될 만한 인재를 구하는 것이 쉽지 않다고 하는군요."

방연은 위나라로 가고 싶은 생각이 불타올랐다. 하지만 귀곡 선생에게 말을 꺼내지 못하고 머뭇거리자, 선생이 먼저 말했다.

"이제 부귀를 좇아 떠나려고 하는구나. 내 한 가지 주의를 주겠다. 너는 결코 남에게 속을 사람은 아니지만, 남을 속일 수 있을지도 모른다. 하지만 네가 남을 속이면 너 역시 반드시 남에게 속을 수밖에 없다는 사실을 명심하여라."

방연이 스승께 인사를 하고 떠나는데, 의형제를 맺은 손빈이 산 밑까지 배웅을 했다. 방연이 손빈에게 말했다.

"제가 위나라에 가서 성공하면 반드시 형님을 천거하여 함께 부귀와 공명을 누릴 수 있도록 하겠습니다."

"그렇게 말해 주니 정말 고맙네. 자네의 연락을 기다리겠네."

둘은 눈물을 흘리며 헤어졌다.

그날 밤 귀곡 선생이 손빈을 은밀히 불러 책 한 권을 주며 말했다.

"이것은 너의 조부이신 손무 선생께서 지은 병법 책이다. 나는 네 조부와 친한 사이였던지라, 한 벌을 얻어 주해를 붙여 두었다. 이제 이 책을 잘 읽어 보도록 하여라."

"스승님께서는 어째서 이 책을 방연에게는 보여주시지 않으셨습니까?"

"이 책은 천하에 득이 될 수도 있고 독이 될 수도 있다. 내 어찌 그릇이 되지 않는 인물에게 경솔히 이 책을 전할 수 있겠느냐?"

손빈은 책을 받아 열심히 읽고 또 읽어, 며칠 만에 한 자도 빠지지 않고 다 외우게 되었다. 손빈은 그 책을 다시 선생님께 돌려드렸다. 그러고는 전과 같이 학문을 배우면서 방연의 연락을 기다렸다.

위나라로 간 방연은 곧바로 정승을 찾아가 자신을 소개하고, 왕에게 천거해 달라고 부탁했다. 한참 동안 대화를 나누어 본 뒤 방연의 재주를 인정한 정승은 위혜왕에게 방연을 천거했다. 위혜왕은 직접 방연의 학식과 재주를 시험해 본 뒤 매우 만족하며 방연에게 즉각 원수의 자리를 맡겼다.

방연은 얼마 동안 군사를 조련한 뒤 주변의 조그만 나라들을 쳐서 굴복시켰을 뿐 아니라, 위나라 국경을 침범한 제나라 군사를 단박에 물리쳤다. 이후 위나라는 강대국으로 행사하게 되었다. 방연은 자신의 공적을 자랑스레 여기며 점점 교만해져 갔다.

그러던 어느 날 위혜왕에게 묵적이 찾아왔다. 평소 손빈의 사람됨을 아끼던 그는 사방으로 인재를 구하는 위혜왕에게 손빈을 추천했다. 위혜왕이 물었다.

"그렇다면 손빈은 방연과 동문수학한 사이군요. 둘 중에 누가 더 낫습니까?"

"손빈은 조부 손무가 남긴 병법에 통달한 사람입니다. 어찌 비교가 되겠습니까?"

묵적은 홀연히 떠났고, 위혜왕은 방연을 불러 손빈을 초빙할 계획을 상의했다. 방연은 깜짝 놀라 생각했다.

"큰일이군. 손빈은 나보다 재주가 뛰어난 데다 손무의 병법서까지 읽었다고 하니, 왕이 그를 부르면 나는 찬밥 신세가 될지도 모른다. 하지만 지금은 별 도리가 없으니 차라리 약속을 지키는 척이라도 하는 것이 좋겠다."

그러고는 즉시 위혜왕에게 말했다.

"왕께서 손빈을 쓰실 생각이라면 제가 편지를 써서 부르도록 하겠습니다."

그리고 손빈에게는 마치 자신이 왕에게 누차 천거해서 일이 성사된 것처럼 편지를 썼다. 편지를 읽은 손빈은 귀곡 선생에게 가서 전말을 설명했다. 그러자 선생은 작은 비단 주머니 하나를 건네주면서 말했다.

"절체절명의 위기에 처하게 되면 이것을 열어 보도록 해라."

손빈은 의아했지만, 깊은 뜻이 있을 것이라 생각하고 묻지 않은 채 비단 주머니를 받아 넣었다. 그러고는 선생께 하직 인사를 올린 뒤, 위혜왕이 보낸 수레를 타고 위나라로 떠나갔다. 위혜왕은 손빈에게 좋은 집과 높은 벼슬을 주어 방연 다음의 대우를 해 주었다.

며칠 뒤 위혜왕은 손빈의 용병술을 시험하기 위해 손빈과 방연 두 사람에게 진을 치는 훈련을 하도록 했다. 먼저 방연이 진을 치자, 위혜왕은 손빈에게 그 진이 무엇이며 어떻게 공격해야 하는지 물었고, 손빈은 막힘없이 술술 대답했다.

다음으로 손빈이 진을 쳤는데, 방연은 그것이 무엇인지 알 수가 없었다. 방연은 위혜왕이 묻기 전에 손빈에게 가서 몰래 물었다.

"형님, 이것은 무슨 진입니까?"

"이것은 전도팔문진(顚倒八門陣)이라는 것일세. 적을 공격할 때는 장사진(長蛇陣)으로 변한다네."

방연은 위혜왕에게 자신이 이미 알고 있었던 것처럼 설명했다.

손빈의 능력을 직접 본 방연은 더욱 불안해져서는 한 가지 계책을 짜냈다. 그는 손빈을 청해 술을 마시면서 물었다.

"형님의 가족은 어디에 계십니까?"

"나는 숙부님 밑에서 자랐는데, 제나라에 반란이 일어나 숙부님께서는 나와 사촌 형들을 데리고 주나라로 피하셨네. 그곳에서 먹고살 길이 막막해 우리는 뿔뿔이 흩어져 버렸다네."

그로부터 몇 달이 지나고 손빈에게 제나라 사람이 하나 찾아와서 말했다.

"저는 사촌 형님 두 분의 부탁을 받고 편지를 전하러 왔습니다."

편지에는 제나라 왕이 옛 신하들을 다시 불러들여 높은 벼슬을 주기로 했으니 즉시 제나라로 돌아오기 바란다고 쓰여 있었다. 손빈은 자신이 위나라에서 벼슬을 살고 있으니, 작은 공이라도 세워

92

위왕의 은혜에 보답하고 나면 말미를 얻어 형님들을 만나러 가겠다는 내용의 답장을 써서 보냈다.

하지만 그 모든 것은 방연이 꾸민 연극이었다. 방연은 이렇게 손빈의 편지를 손에 넣어, 그의 필적을 모방해서 다음과 같은 내용으로 바꾸었다.

"제가 위나라에서 벼슬을 살고 있지만, 그것이 어찌 진심이겠습니까? 제왕께서 저를 중용해 주신다면 고국으로 돌아가 충성을 다할 것입니다."

방연은 그 편지를 위혜왕께 바치고 말했다.

"손빈이 제나라와 내통하고 있는 듯합니다. 수상한 제나라 사람을 잡아 수색해 본 결과 이런 편지가 나왔습니다. 그가 제나라에 가면 돌아오지 않을 것이 분명하니, 제나라에 다녀오겠다고 청하면 즉시 잡아 죽이셔야 합니다. 그가 제나라에 기용되면 커다란 화근거리가 될 것입니다."

방연은 그렇게 위혜왕으로 하여금 손빈을 의심하게 한 뒤, 손빈을 찾아가서 아무 일 없었다는 듯이 이런저런 이야기를 나누었다. 손빈이 사촌 형들에게 편지가 왔다는 애기를 하자 방연은 깜짝 놀라고 기뻐하는 척하면서 말했다.

"참으로 잘된 일입니다. 얼마나 보고 싶으시겠습니까? 왕께 한두 달 정도 휴가를 청해 다녀오시지요."

"제나라와의 관계가 좋지 못한데, 공연히 왕의 의심 살 일을 해서야 되겠나?"

"걱정 마십시오. 제가 도와드리겠습니다."

방연의 말을 들은 손빈은 위혜왕에게 표를 올렸고, 왕은 그것을 읽자 표정이 일그러지며 명령을 내렸다.

"손빈의 관직을 삭탈하고, 그를 체포하여 처벌하도록 하라."

손빈이 군사들에게 끌려 들어오자, 방연은 놀란 척하면서 뛰어나가 말했다.

"형님, 이게 무슨 일이란 말입니까? 왕께서 형님을 후히 대하는 것을 시기하던 자들이, 형님이 제나라와 내통한다고 무고를 한 모양입니다. 제가 왕에게 가서 소명을 할 테니 조금만 기다리십시오."

그러고는 위혜왕에게 가서 말했다.

"손빈은 손무가 쓴 병법을 알고 있는 사람입니다. 그를 병신으로 만들어 제나라로 가지 못하도록 한 뒤, 그 병법을 얻어내는 것이 좋겠습니다."

"승상이 알아서 처리하도록 하시오."

그러고는 다시 손빈에게 가서 말했다.

"왕의 분노가 워낙 심해서 아무리 간청해도 통하지 않습니다. 매달리고 또 매달려서 간신히 목숨은 건지게 되었습니다만, 발을 자르고 얼굴에 먹을 뜨는 형벌은 면치 못하게 되었습니다. 면목이 없습니다, 형님."

"그런 말 말게. 자네가 아니었다면 어찌 목숨이라도 건질 수 있었겠는가? 내 이 은혜는 잊지 않겠네."

두 가지 형벌의 고통은 어마어마했다. 몇 번이고 비명을 지르며 까무러쳤다가 깨어나기를 반복한 뒤에 깨어나 보니, 옆에서 방연이 슬피 울고 있었다. 그는 부하들에게 분부했다.

"형님을 관사에 모시고, 최고로 용한 의원을 불러 잘 치료해 드

94

리도록 해라."

방연은 걷지 못하는 신세가 된 손빈에게 매일 좋은 음식을 대접하고, 자주 찾아와서 위로했다. 손빈은 그런 방연에게 매우 감사했다. 그렇게 손빈이 회복된 후, 방연이 술을 대접하면서 말했다.

"형님, 손무 선생의 병법을 제게 필사해 주실 수 있겠습니까? 그 소중한 책이 그냥 없어지는 것은 너무나 안타까운 일 아닙니까?"

"자네가 내게 베푼 은혜를 조금이나마 갚을 수 있다면 내 어찌 망설이겠는가? 내일부터 필사 작업에 들어가도록 하겠네."

방연은 젊은 청년 한 명을 시켜 손빈의 시중을 드는 동시에 필사 작업을 감시하도록 했다.

손빈은 할아버지가 남기고 스승이 주해를 단 병서를 경건한 태도로 필사해 나갔다. 그런데 그렇게 하루하루가 지나면서 손빈의 시종 역할을 맡은 청년은 손빈의 태도와 인격에 감동하여 그를 존경하게 되었다. 그러던 중 방연이 청년을 불러서 말했다.

"필사 작업이 너무 지지부진하다. 너는 옆에서 은근히 재촉하도록 하라. 손빈이 눈치채기 전에 일이 마무리되어야 그놈을 없애어 후환을 없앨 수 있을 것이다."

청년은 깊은 심적 갈등을 느꼈다. 한참을 고민하던 그는 그날 저녁 손빈에게 말했다.

"필사를 완성하셔서는 안 됩니다. 그렇게 되면 나리께서는 돌아가시게 됩니다."

전후 사정을 모두 들은 손빈은 깜짝 놀랐다. 그리고 고민에 빠졌다. 필사를 해도 죽을 것이요, 하지 않아도 죽을 판이었다. 그때 문득 귀곡 선생이 준 비단 주머니가 떠올랐다.

"그렇지, 선생님께서는 절체절명의 위기 상황에서 주머니를 열어 보라 하셨지."

주머니를 열어 보니, 그 속에 들어 있는 천에는 '광(狂)'이라는 글자가 쓰여 있었다. 손빈은 선생의 혜안에 놀랐다. 그리고 그날 저녁 밥상이 들어오자, 그는 갑자기 온몸을 떨면서 앞으로 쓰러졌다. 그러고는 벌떡 일어나 알 수 없는 말로 고래고래 소리를 지르면서 주변에 있는 것들을 마구 집어던졌다. 그 와중에 지금까지 필사해 놓은 원고도 불 속에 던져졌다. 손빈은 그렇게 쓰러졌다 일어나 앉았다를 반복하면서 계속 소리를 질렀다.

방연이 보고를 받고 달려와 보니, 손빈은 웃다가 울다가 소리 지르기를 반복하면서, 눈을 부릅뜨기도 하고 온몸을 떨기도 하는 등 난리가 말도 아니었다. 방연은 손빈의 태도를 의심하고는 몇 가지 시험을 해 보았다.

먼저 그는 손빈을 돼지우리에 집어넣으라고 했다. 하지만 손빈은 똥투성이 돼지우리에 들어가자 오히려 조용해진 채 편안히 누웠다. 다음으로 그에게 음식을 보냈더니, 그는 그것을 바닥에 쏟은 뒤 돼지 똥과 함께 버무려서 맛있게 먹었다.

보고를 받은 방연이 지시했다.

"그놈이 미친 것은 분명한 듯하구나. 하지만 언제 정신이 되돌아올지 모르니 일단 내버려 두어라. 다리병신이 멀리 가지는 못할 테니, 아침저녁으로 소재를 파악해서 보고하도록 하라."

손빈은 얼마간의 자유를 얻었지만, 그렇다고 안심할 수는 없었다. 방연의 감시 때문에 누구도 믿을 수 없었으므로 언제나 미친 척하면서 모든 사람을 속여야 했다. 위나라 사람들은 누구나 손빈이 미쳤다고 믿는 한편, 손빈의 불쌍한 처지를 동정했다.

그 당시 묵적은 제나라 대부 전기의 집에서 머물고 있었다. 마침 제자인 금활이 위나라에서 돌아오자 묵적이 물었다.

"그래, 손빈은 좋은 대접을 받으면서 그에 맞는 공을 세우고 있느냐?"

"무슨 말씀이십니까? 지금 손빈은 역적 누명을 쓰고 다리를 잘린 채 완전히 미친 사람이 되었다고 합니다."

묵적은 깜짝 놀라 크게 슬퍼한 뒤, 전기에게 자초지종을 설명하고 손빈을 데려다 쓸 것을 권했다. 전기가 제위왕에게 그 내용을 보고하자 제위왕이 말했다.

"그럼 위혜왕에게 청하여 손빈을 데리고 오도록 합시다."

"손빈을 데려가겠다고 청하면 위나라는 후환이 두려워 반드시 그를 죽여 버릴 것입니다. 은밀한 계책에 따라 비밀스럽게 데리고 오는 방법밖에 없습니다."

제위왕은 전기의 계책을 듣고 즉시 허락했다. 전기는 제왕의 명으로 위혜왕에게 보내는 선물을 가지고 수행원들과 함께 위나라로 향했다. 수행원들 속에는 묵자의 제자 금활도 끼여 있었다.

전기가 방연을 통해 위혜왕에게 선물을 전달할 때, 금활은 손빈의 소재를 먼저 확인했다. 그리고 방연을 비롯한 위나라 관리들이 사절단에게 잔치를 베푸는 늦은 밤 시간에 손빈을 찾아가서 말했다.

"저는 묵적 선생의 제자인 금활입니다. 선생께서는 참으로 고생이 많으셨습니다. 이제 제나라에서 선생을 모셔 가고자 이렇게 사람을 보냈으니 안심하시기 바랍니다."

그리하여 손빈은 덮개가 있는 수레 속에 눕고, 손빈과 외모가 비슷한 사람이 머리를 풀어헤치고 얼굴에 진흙 칠을 한 채 손빈인 척했다. 다음 날 사절단과 손빈을 태운 수레는 전속력으로 제나라를 향해 달렸고, 손빈을 대신한 사람은 3일 동안 미친 척 연기를 한 뒤 밤에 슬며시 제나라로 돌아갔다.

손빈이 사라졌다는 보고를 받은 방연은 깜짝 놀랐지만, 강물에 빠져 죽었을 것이라는 부하들의 말을 듣고는 그 말을 믿기로 했다.

제위왕은 손빈을 환영하여 융숭히 대접한 뒤 벼슬을 주고자 했다. 그러자 손빈이 말했다.

"신이 제나라에 있다는 사실을 비밀로 하는 것이 좋을 듯합니다. 방연이 그 사실을 알면 또 무슨 짓을 꾸밀지 모릅니다."

그리하여 손빈은 비밀리에 전기의 집에 머물게 되었다.

그러던 어느 날 전기는 제위왕과 말 경주 내기를 하는 곳에 손빈을 데리고 갔다. 제위왕은 왕족들과 말 경주 내기를 하는 것이 취미였던 것이다. 그들은 각자가 거느리고 있는 말 세 마리를 출전시켜 내기를 했는데, 전기는 계속해서 돈을 잃었다. 손빈이 물어보니 여태까지도 이긴 적이 별로 없다는 것이었다. 손빈이 말했다.

"왕께 천금을 걸고 내기를 한 번 더 하자고 하십시오. 제가 반드시 이기도록 해 드리겠습니다."

왕은 흔쾌히 허락했고, 그 다음 날 바로 다시 내기가 열렸다. 손빈이 전기에게 말했다.

"왕은 제나라에서 가장 좋은 말을 가지고 있기 때문에 언제나 질수밖에 없는 것입니다. 이럴 때는 임기응변을 써야 합니다. 왕이 최상급의 말을 출전시키면 장군은 최하급의 말을 내보내십시오. 그다음에 왕이 중급의 말을 출전시키면 장군은 최상급의 말을 내보내고, 왕이 하급의 말을 출전시키면 장군은 중급의 말을 내보내는 것입니다. 이렇게 하면 언제나 한 판은 지고 두 판을 이겨 돈을 딸 수 있을 것입니다."

전기는 손빈의 계책에 따라 첫 번째 경기에서 가장 하급의 말을 성대하게 장식하여 최상급의 말인 것처럼 경기에 내보냈다. 예상대로 첫 경기에서는 대패했지만, 두 번째와 세 번째 경기를 이겨, 전기가 큰돈을 따게 되었다. 전기는 왕에게 자초지종을 설명하고는 말했다.

"오늘 제가 내기에서 이긴 것은 손빈 선생의 계책 덕분입니다."

제위왕은 손빈의 지혜에 크게 감탄하고 더욱 후하게 대접하였다.

위혜왕은 위문후 때 정벌한 중산 땅을 조나라에 빼앗긴 것을 항상 분하게 생각하고 있었기 때문에, 방연으로 하여금 조나라를 치게 했다. 방연은 군사를 이끌고 조나라 한단성을 포위했다. 조후는 제나라에 중산 땅을 바치는 조건으로 구원을 청했다.

제위왕은 전기를 대장으로, 손빈을 작전참모인 군사(軍師)로 삼아 조나라를 돕도록 했다. 전기가 한단성으로 출발하려 하자 손빈이 말한다.

"우리가 도착할 때쯤이면 한단성은 이미 위나라의 수중에 들어가 있을 것입니다. 차라리 곧바로 위나라로 쳐들어가면서 크게 소문을 내는 것이 좋습니다. 소문을 들은 방연은 깜짝 놀라 돌아올 수밖에 없을 것이고, 한단성의 포위는 저절로 풀릴 것입니다."

전기는 손빈의 충고에 따랐고 계책은 그대로 적중했다. 한단에서 서둘러 회군하여 제나라 군사를 맞은 방연이 전기에게 물었다.

"조나라가 우리 중산 땅을 빼앗았기에 우리는 그 원수를 갚고자 한단성을 친 것인데, 제나라는 도대체 왜 아무 이유 없이 끼어드는가?"

"조나라에서는 중산 땅을 바치며 구원을 요청했기 때문에 우리가 온 것이다. 위나라도 땅을 바친다면 우리 군대는 물러갈 것이다."

방연은 크게 노하여 군대를 이끌고 진격했지만, 손빈의 진법에 걸려 크게 패하고 말았다. 간신히 목숨을 살려 도망치던 중 제나라 진영 가운데 '군사(軍師) 손빈'이라는 깃발이 펄럭이는 것을 보고 크게 놀라, 패잔병을 수습해서 더욱 급하게 달아나 버렸다. 소기의 목적을 달성한 제나라 군대도 역시 회군했다.

제위왕은 위나라를 무찌른 공을 높이 사서 전기와 손빈을 더욱 신뢰했다. 그러자 제나라 정승 추기는 자신의 자리를 그들에게 빼앗기지 않을까 걱정하기 시작했다. 방연은 그 정보를 입수하고 심복 부하 한 명을 추기에게 보냈다. 그는 방연이 보낸 천금을 전달하며 말했다.

"어떻게든 손빈이 제나라 왕에게 신임을 잃도록 해야 합니다. 그래야 두 나라 간에 평화가 찾아올 뿐 아니라 정승의 지위도 튼튼할 것입니다."

100

추기는 그 돈을 받아 일부를 심복에게 주며 은밀히 계책을 지시했다.

다음 날 그 심복은 유명한 점쟁이를 찾아가 목소리를 낮추어 말했다.

"나는 전기 장군의 명을 받고 왔소. 장군께서는 백성들과 대신들의 신망을 받고 큰일을 계획하고 계시오. 그 일이 성공할지 점을 쳐주기 바라오."

점쟁이가 깜짝 놀라 대답했다.

"그런 일에는 관여하고 싶지 않습니다. 제발 그냥 돌아가 주시기 바랍니다."

"알겠소. 하지만 이 일을 누구에게도 말해서는 안 되오."

그가 나간 뒤 얼마 되지 않아 군사들이 들이닥쳐 점쟁이를 정승 추기에게 끌고 갔다. 그곳에는 점을 치러 왔던 사람이 포박되어 있었다. 추기가 점쟁이에게 물었다.

"여기 이자를 보아라. 이자가 너에게 무슨 점을 쳤는지 솔직히 말하라. 만약 거짓을 고한다면 목숨을 부지하기 어려울 줄 알아라."

점쟁이는 겁에 질려 사실대로 말했다. 추기는 제위왕에게 전기가 역적모의를 하고 있다고 고했다. 제위왕은 전기를 의심하기 시작했다. 낌새를 눈치챈 전기는 병을 핑계 대고 벼슬에서 물러났다. 손빈도 모든 직책을 내놓았음은 물론이다.

다음 해 제위왕이 병으로 죽자 그 아들인 제선왕이 즉위했다. 제선왕은 세자 시절부터 전기와 손빈을 존경했기 때문에, 즉위하자마자 그들을 다시 복위시켰다. 손빈이 복귀한 줄 모르는 방연은 군사

를 이끌고 한나라를 쳤고, 한나라는 제나라에 구원을 요청했다. 제
선왕은 전기와 손빈에게 한나라를 도와주라고 명령했다.

두 사람은 다시 한나라가 아닌 위나라 도읍으로 진격했고, 소식
을 들은 방연은 또 어쩔 수 없이 회군을 해야 했다. 그러자 제나라
군대는 도망치는 척했다. 방연은 머리끝까지 화가 나서 말했다.

"내 이놈들을 반드시 모조리 쳐 죽여 버리겠다. 어서 제나라 군
대를 추격하라."

손빈은 방연이 군대를 이끌고 추격해 온다는 말을 듣고 전기에게
말했다.

"오늘은 밥 짓는 아궁이를 10만 개 만들었으니, 조금씩 후퇴하면
서 내일은 8만 개를 만들고 그 다음 날은 5만 개를 만들도록 하십
시오. 안 그래도 화가 머리끝까지 나 있는 방연은 아궁이 숫자를 세
어 보고는 우리 병사들 가운데 도망치는 자가 날로 늘어나고 있다
고 생각하고, 병사들을 재촉하여 우리를 추격하느라 강행군을 할
것입니다. 그러면 위나라 군대는 몹시 지칠 수밖에 없습니다. 그때
기회를 보아 공격하면 반드시 위나라 군대를 무찌를 수 있습니다."

전기는 손빈의 계책대로 했다.

한편 위나라로 돌아온 방연은 손빈의 말대로 제나라 군사가 진을
쳤던 자리를 둘러보았다. 그러고는 병사들을 시켜 아궁이 수를 세
어 보도록 했다. 아궁이가 10만 개라는 말을 듣자 놀라며 말했다.

"제나라 군사가 매우 많이 왔구나. 조심해야겠다."

그 다음 날 또 아궁이 수를 세어 보니 8만 개였다. 그러자 방연이
손뼉을 치며 말했다.

"우리나라 군대를 두려워하여 도망친 병사가 수만 명이나 된다.

이제 빨리 추격하여 무찔러 버리도록 하자. 모두 속도를 높이도록 하라."

또 그 다음 날 5만 개라는 보고를 받고는 마음이 더욱 급해졌다.

"우리가 추격을 시작한 지 사흘 만에 제나라 군대는 반으로 줄었다. 놈들이 국경을 넘어 달아나기 전에 따라잡아야 한다. 행군 속도를 배로 높여라. 이제 하루면 따라잡을 수 있으니 모두들 조금만 참도록 하라."

위나라 군사들은 밥도 제대로 먹지 못한 채 행군을 하느라 죽을 맛이었다.

한편 전기와 손빈은 마릉이라는 곳에 있는 협곡 양편에 병사들을 매복시켰다. 손빈이 다시 전기에게 계책을 말했다.

"주변의 나무를 몽땅 베어서 협곡을 막은 뒤, 큰 나무 한 그루의 껍질을 벗겨서 협곡 정가운데 세워 두도록 하십시오. 그리고 협곡 좌우에 궁수 5천 명씩을 배치한 뒤, 큰 나무 밑에서 불빛이 일면 그곳을 향해 일제히 활을 쏘라고 하십시오."

명령이 시행되자 손빈은 직접 큰 나무에 가서 뭔가 글씨를 썼다.

그날 밤 지친 군사들을 득달같이 재촉하는 방연에게 보고가 들어왔다.

"협곡 가득히 나무들이 메워져 있고, 큰 나무 하나만이 가운데 서 있습니다."

"우리의 추격이 두려워 길을 막은 것이니 나무를 빨리 치우도록 하라. 나무 한 그루를 세워 놓은 것은 무슨 수작인지 직접 가서 보아야겠다."

방연이 나무 밑에 가서 불을 켜고 보자, 나무에 이런 글씨가 쓰여 있었다.

"방연은 이 나무 아래서 죽는다. — 제나라 군사 손빈"

방연이 깜짝 놀라 뭐라 말하기도 전에 좌우에서 수없는 화살이 쏟아졌다. 방연 또한 많은 화살을 맞고, 자신의 명운도 끝장났음을 직감하고는 스스로 칼을 뽑아 자결하였다.

제선왕은 큰 승리를 거두고 돌아온 전기에게 정승 벼슬을 주고, 손빈에게도 큰 고을을 주고자 했으나 손빈은 누차 사양했다. 이후 손빈은 『손자병법』 13권을 적어 제선왕에게 바친 뒤 산으로 들어갔다. 그러고는 얼마 뒤 홀연히 사라졌다. 사람들은 그가 귀곡 선생을 따라 신선이 되어 선계로 올라갔다고 말했다.

커다란 곡절을 겪었지만, 할아버지 손무와 마찬가지로 손빈도 나아갈 때와 물러날 때를 잘 알았던 진정한 현자였던 것이다.

12.

자신이 만든 엄격한 법령에 스스로가 걸려들다

당시 위(衛)나라에 공손앙이라는 인물이 있었다. 사람들은 위나라 출신이라 하여 그를 위앙이라고 불렀다. 후에 그는 상앙이라는 이름으로 크게 이름을 떨치게 되니, 여기에서는 편의상 상앙이라고 부르기로 하겠다.

상앙은 자신의 능력을 펼치기 위해 벼슬자리를 구하려 위나라 정승을 찾아갔다. 정승은 상앙의 출중한 재주를 알아보았기 때문에 자기 문하에 두고 모든 일을 그와 상의했다. 그러던 중 정승이 큰 병이 나서 위혜왕이 직접 문병을 왔다. 왕은 정승의 병세가 심상치 않음을 보고서 물었다.

"이제 나랏일을 누구에게 맡겨야 하겠소?"

"나이는 젊지만 상앙이야말로 정말 뛰어난 인물입니다. 그를 크게 쓰시기 바랍니다."

위혜왕이 석연치 않은 표정을 짓자 정승이 다시 말했다.

"그를 등용하지 않으시려거든 차라리 죽여 버리십시오. 그가 다른 나라에서 등용된다면 우리나라에 커다란 골칫거리가 될 것입니다."

위혜왕은 대답을 하는 둥 마는 둥 하며 돌아갔다.

왕이 돌아가고 나자 정승은 상앙을 불러 말했다.

"내 왕께 자네를 크게 쓰지 않을 요량이면 차라리 죽여 버리라고 말했네. 그러니 어서 달아나게. 나는 이 나라의 신하이니 왕께 있는 그대로 말하지 않을 수 없었네."

상앙은 태연하게 웃으면서 대답했다.

"왕께서는 저를 천거하는 말을 귀담아듣지 않았으니, 어찌 저를 죽이라는 말을 따르겠습니까? 염려하실 것 없습니다."

상앙의 말대로 위혜왕은 승상의 말을 무시해 버렸다.

상앙은 진효공(秦孝公)이 널리 인재를 구한다는 소문을 듣고 진나라로 갔다. 상앙에게 부국강병의 대책을 들은 진효공은 매우 만족하여 그와 며칠 동안 쉬지도 않고 대화를 나누었다. 그러고는 상앙에게 국정 운영의 전권을 맡기고, 상앙의 명령을 어기는 자는 왕의 명령을 어기는 것과 똑같이 취급하겠다고 말했다.

상앙은 새로운 법을 만들어 반포하기 전에 관리를 하나 불러 지시했다.

"함양성 남문 아래 긴 나무를 세워 두어라. 그리고 그 나무를 북문으로 옮기는 자에게는 10금의 상을 주겠다는 게시문을 붙이도록 하라."

많은 사람들이 모여 글을 읽었지만, 수군거리기만 할 뿐 아무도 나서는 사람이 없었다.

"이런 일로 10금의 상을 준다는 것이 말이 되나?"

그러자 상앙은 또다시 명령했다.

"상금이 너무 적은 듯하니 50금을 주겠다고 다시 바꾸어 쓰도록 하라."

사람들은 더 크게 수군거렸다. 그런데 갑자기 한 사람이 앞으로 나서서 말했다.

"속는 셈 치고 한번 옮겨나 봅시다. 설마 상을 준다고 해 놓고 벌을 주지는 않겠지."

그는 나무를 뽑아 메고 북문으로 옮겨 세웠다. 보고를 받은 상앙이 나가 보니 많은 구경꾼들이 모여 있었다. 상앙은 나무를 옮긴 사람에게 50금을 주며 말했다.

"장하다. 이 상금을 받아라."

그러고는 모여 있는 사람들에게 큰 소리로 말했다.

"잘 보았느냐? 앞으로도 반포된 명령은 반드시 지켜질 것이다."

사람들은 모두 그 명령에 따르지 않은 것을 후회했다. 상앙은 이렇게 반포된 명령은 반드시 지켜질 것임을 각인시킨 후, 새로운 법령을 선포했다. 그 주요 내용은 다음과 같았다.

1. 진나라의 도읍을 함양으로 옮긴다.
2. 모든 마을은 현에 편입시켜 현령의 철저한 감독 하에 둔다.
3. 주민들은 자신이 살고 있는 지역에서 도로를 제외한 모든 땅을 개간해야 한다.

4. 모든 전답은 국가 소유로 하며, 세금은 경작하는 넓이에 따라 부과한다.

5. 생산에 힘쓰지 않고 게으른 자는 노비로 삼는다.

6. 모든 벼슬은 전쟁에서 세운 공에 따라 주어진다. 적의 목을 하나 벨 때마다 1계급씩 승진하며, 후퇴하는 자는 즉시 참한다. 공이 많으면 수레와 복장이 화려해도 무방하나, 공이 없으면 아무리 부자라도 삼베옷을 입고 소를 타야 한다. 왕족이라 할지라도 공이 없으면 모든 칭호를 박탈하고 일반 백성으로 삼는다. 개인적인 감정으로 싸우는 자는 무조건 사형에 처한다.

7. 다섯 집씩 서로 보호하고, 열 집씩 서로 감시한다. 부정한 짓을 고발하지 않으면 열 집이 모두 연대 책임을 진다. 부정한 짓을 맨 먼저 고발하면 1계급 승진시켜 준다. 여관이든 여염집이든, 통행증이 없는 자를 재워 주면 처벌받는다.

이전에도 이후에도 유례가 없을 정도의 통제와 감시가 법제화되자, 불평하는 자도 있었고 잘되었다는 자도 있었다. 상앙은 이런 자들을 모조리 잡아들이게 한 뒤 말했다.

"법령은 지켜야 하는 것일 뿐 왈가왈부의 대상이 아니다. 불평을 한 자든 좋다고 한 자든 모두 백성의 본분을 벗어났으니, 변방으로 보내 국경을 지키게 하라."

그들은 모두 변방으로 쫓겨났다. 그뿐만 아니라 높은 벼슬을 가진 사람들도 법령을 비판하면 여지없이 관직을 삭탈당하고 일반 백성으로 강등되었다. 한번은 세자가 새 법령에 대해 불만을 표한 적이 있었다. 상앙은 크게 노하여 명령했다.

"아무리 세자라도 법을 어기면 처벌받아야 한다. 하지만 세자는 임금이 되실 분이니, 세자를 잘못 지도한 죄를 물어 그 스승들을 처벌하라. 세자에게는 두 스승이 있으니, 큰 스승은 코를 베고, 작은 스승은 얼굴에 먹을 뜨도록 하라."

세자의 스승들이 벌을 받은 이후 진나라에서는 아무도 법령을 비판하지 않았고, 사람들은 서로 대화조차 나누려 하지 않았다.

나라의 모든 황무지가 개간되어 세금이 늘어나자 국고는 넘쳐났고, 도둑이 사라졌을 뿐 아니라, 주인 없는 물건조차 아무도 주워 가지 않았다. 개인들 간의 싸움은 사라졌으며, 전쟁에 나간 병사들은 용감하기 그지없었다. 이리하여 진나라는 천하에서 가장 강력해졌으며, 모든 나라가 진나라를 두려워하였다.

하지만 그 그늘도 그에 못지않게 어둡고 암울했다. 하루에도 수백 명이 처형을 당해 강물이 항상 붉게 물들 정도였고, 가족을 잃은 사람들의 통곡 소리가 그치지 않았다.

얼마 뒤 방연이 손빈에게 죽었다는 소식을 들은 상앙은 곧바로 진효공에게 위나라를 칠 것을 건의했다. 진효공이 승낙하자 상앙은 직접 대장이 되어 대군을 거느리고 위나라로 쳐들어갔다.

막강한 진나라 군대 앞에 연전연패를 거듭한 위나라는 바람 앞에 등불과 같은 처지였다. 위혜왕은 신하 한 사람을 시켜 말했다.

"상앙은 내 밑에서 벼슬을 하던 사람이오. 옛 정리를 보아 우리의 화평 제의를 받아 달라 간청해 보시오."

위혜왕의 뜻을 전해 들은 상앙은 말했다.

"서하 땅을 진나라에 모조리 바친다면 화평을 받아들이겠소."

위나라는 상앙의 요구를 거절할 수 없었다. 진나라 대군은 서하 땅을 접수한 뒤 개선했다. 하지만 서하 땅을 빼앗긴 위나라는 도읍을 대량(大梁)으로 옮길 수밖에 없게 되었다. 이전의 수도는 진나라와의 새 국경과 너무나 가까웠기 때문이다. 그래서 사람들은 위나라를 양나라라고 부르기도 했다.

진효공은 큰 공을 세운 상앙에게 상어(商於) 등 열다섯 고을을 식읍으로 주고 상군(商君)이라는 칭호까지 내렸다. 사람들이 위앙을 상앙이라고 부르게 된 것은 여기에서 기인한다.

하지만 상앙에게 그런 호시절은 그리 오래 가지 못했다. 얼마 못 가서 진효공이 죽고 세자가 즉위한 것이다. 그가 바로 진혜문공이다. 진혜문공의 두 스승은 각각 코를 자르고 얼굴에 먹을 뜨는 형벌을 내린 상앙에 대해 뼈에 사무치는 원한을 품고 있었기 때문에, 진혜문공이 즉위하자마자 그를 비판했다.

"지금 우리나라 백성들은 국법은 없고 상군의 법만 있다고 말합니다. 지금 상앙의 부귀와 권세를 따를 자는 없습니다. 차면 넘치는 법입니다. 머지않아 상앙은 반드시 역모를 꾀할 것입니다."

"나라고 어찌 그놈으로부터 받은 치욕을 잊었겠소? 여봐라, 상앙에게 정승의 인을 바치고 상어 땅으로 물러가 있으라고 전하라."

상앙이 별 도리 없이 정승의 인을 바치고 상어 땅으로 향하는데, 그 행렬이 왕의 그것과 다를 바 없이 화려하고 거창했다. 이 모습을 본 진혜문공의 두 스승은 자신의 심복 두 사람을 데리고 다시 들어가 고했다.

"상앙은 반란을 일으킬 계획이라고 합니다. 여기 두 사람이 직접 들었다 합니다."

함께 들어갔던 두 사람도 당연히 자신들이 들었다고 진술했다. 진혜문공은 크게 노하여 말했다.

"선생께서는 군사를 거느리고 가서 그의 목을 가져오시오."

상앙의 공포정치에 숨죽였던 백성들은 상앙이 쫓겨나자 거리로 몰려나와 욕을 하고 있었다. 그들은 군대가 상앙을 체포하러 간다는 소식을 듣고 모두 함성을 지르며 따라나섰다. 상어 땅을 향해 가다가 그 함성 소리를 들은 상앙은 사태의 심각성을 깨닫고 즉시 변복을 한 뒤 혼자서 달아났다.

함곡관에 도달했을 때 해가 저물어 여관에 들어가니 여관 주인이 상앙에게 말했다.

"통행증을 보여주시오."

"깜빡 잊고 놓고 왔소."

"그대는 우리 진나라 법을 모르시오? 통행증이 없는 사람을 재워주었다가는 그 사람까지도 엄한 처벌을 받게 되어 있소. 어서 나가시오."

상앙은 할 수 없이 여관을 나와 밤낮을 가리지 않고 걸어서 상어 땅에 도착했다. 하지만 곧 들이닥친 진나라 군사들에게 붙잡혀 함양으로 압송되어 갔다. 그러고는 다섯 마리 소에 의해 사지와 머리가 분리되는 끔찍한 형을 받고 죽어 갔다. 백성들은 그럼에도 분이 풀리지 않아 득달같이 달려들어 시체 조각을 잘근잘근 씹었다고 한다.

상앙은 죽었지만 그의 혁명과도 다름없는 개혁의 결과로 진나라는 천하에서 가장 막강한 군사력을 보유하게 되었다. 지난날 백리해가 진나라 천하통일의 초석을 놓았다면, 상앙은 그 기틀을 다진 것이다.

진혜문공은 스스로 왕이라 칭하고 모든 나라에 사신을 보내어 땅을 떼어 바칠 것을 요구했다. 막강한 진나라의 요구를 거절할 수 있는 나라는 이제 초나라 정도였다. 진나라의 천하통일 여정이 비로소 본격적으로 시작된 것이다.

13.

두 친구가 세 치 혀로 천하를 농락하다
— 합종연횡(合縱連橫)

　귀곡 선생 문하에서 학문을 배우던 소진과 장의는 손빈과 방연이 벼슬길을 떠나는 것을 보고 매우 부러워하면서, 선생에게 자신들도 하산하겠다는 뜻을 밝혔다. 선생은 좀 더 수련하여 자신과 함께 선계에 오를 것을 권유했지만, 두 사람의 결심은 굳건했다.

　귀곡 선생은 마지막 훈계를 한 뒤, 두 사람에게 『태공음부편』이라는 책을 한 권씩 주었다. 두 사람이 고개를 갸우뚱하면서 말했다.

　"선생님께서도 아시다시피 이 책은 저희가 이미 달달 외우고 있습니다."

　"너희가 이 책을 외웠다지만, 피상적인 이해만 했을 뿐 깊은 뜻을 깨닫지는 못했다. 두고두고 연구하면 크게 깨닫게 될 것이다."

　소진과 장의는 의아했지만, 선생에게 하직 인사를 올리고 떠났다.

소진은 낙양의 집으로 돌아갔다. 그곳은 허울뿐이지만 천자가 있는 주나라 수도였다. 노모와 두 동생, 그리고 과부가 된 형수 등 가족들이 그를 반갑게 맞아 주었다. 며칠 뒤 소진이 가족들에게 말했다.

"저는 귀곡 선생에게 유세술을 배웠습니다. 이제 높은 벼슬을 얻기 위해 여러 나라를 돌아다녀야겠습니다. 이 집을 팔아 노자로 삼고자 합니다. 고생스럽더라도 조금만 참고 기다리시면 가족 모두가 부귀영화를 누릴 수 있을 것입니다."

노모가 어이없는 표정으로 말했다.

"열심히 일해서 먹고살 생각은 안 하고, 세 치 혀를 놀려 벼슬을 얻겠다는 헛된 생각만 하느냐? 절대 안 된다."

두 동생이 말한다.

"그런 재주가 있다면 왜 굳이 먼 나라를 돌아다니려 합니까? 주나라에서 높은 벼슬자리에 오르면 되지 않습니까?"

소진은 할 수 없이 천자를 찾아가 부국강병책에 대해 설명했지만, 이미 허수아비 신세인 주왕은 가난뱅이 학자의 말에 별 흥미가 없었다. 왕이 말했다.

"관사에서 기다리시오. 적당한 때가 오면 그대를 기용하겠소."

소진은 관사에서 왕의 부름을 기다렸지만, 1년이 넘도록 왕은 소진을 부르지 않았다. 집으로 돌아온 소진은 가족들 몰래 집을 팔아서 노자를 장만해 도주했다. 그 돈으로 그는 제일 먼저 좋은 옷과 수레를 샀다. 자신이 주나라에서 부름을 받지 못한 이유가 보잘것없는 가난뱅이였기 때문이라고 생각한 것이다.

그는 상앙이 진나라에서 크게 성공했다는 소식을 듣고 진나라로 갔다. 하지만 진효공과 상앙은 이미 죽은 뒤였다. 그는 진혜문왕을 만나 진나라가 천하를 통일할 수 있는 방법에 대해 일장연설을 했다. 애기를 듣고 진혜문왕이 말했다.

"선생의 말씀은 거창하나, 실현 가능한 구체적인 방법이 있을지 의문입니다."

소진은 물러나와 여관에서 머물며 왕이 말한 구체적인 방안을 서술했다. 실제 역사 속에서 은나라의 탕왕과 주나라의 무왕이 천하를 통일한 과정과 방법, 그리고 제환공과 진문공 등이 천하 제후들을 복종시킨 과정과 방법을 서술했다. 요점만 간략히 서술했지만, 워낙 광범위한 내용이라 10만 자가 넘는 대저서를 며칠 만에 써 내려간 것이다.

소진은 그 책을 진혜문왕에게 바쳤지만, 그는 상앙 이후로 원래 유세하는 선비를 좋아하지 않았다. 또한 신하들도 굴러들어 온 돌이 박힌 돌을 빼내는 모습을 분명히 보았기 때문에 그를 천거하고 싶은 마음이 전혀 없었다. 어느새 집을 팔아 마련한 옷과 수레까지 모두 처분한 소진은 할 수 없이 낙양에 있는 가족에게 돌아갔다.

소진 때문에 거지꼴이나 다름없어진 가족들은 소진을 보자 욕설을 퍼부으며 조롱했다.

"가족 몰래 집까지 팔아서 도망가더니, 꼴좋다."

"열심히 농사나 지을 일이지, 뭔 벼슬을 한다고 원…"

얼굴을 들 수도 없었지만, 한동안 굶은지라 소진은 형수에게 부탁했다.

"형수님, 시장해서 견딜 수가 없으니 밥을 좀 지어 주시겠습니까?"

형수가 뾰로통한 얼굴로 대답했다.

"땔감마저 다 떨어져 밥을 지을 수가 없습니다."

그렇게 눈칫밥을 얻어먹으며 지내던 어느 날 소진은 불현듯 스승의 말씀이 생각났다.

"선생님께서 떠날 때 그런 말씀을 하신 데는 이유가 있을 것이다."

그는 선생이 준 『태공음부편』을 다시 읽기 시작했다. 여러 가지 고생을 하고 나서 보니, 전에는 보이지 않던 숨은 뜻이 드러나기 시작했다. 그렇게 1년 동안 연구를 한 끝에 그는 마침내 그 책의 깊고 깊은 이치에 통달하게 되었다.

이미 천하의 대세는 자신의 손바닥 안에 있는 듯 자신만만해졌지만, 노자로 쓸 돈이 전혀 없었다. 그는 두 동생을 불러 간곡히 부탁했다.

"이번에는 정말로 자신이 있으니 꼭 한 번만 나를 도와다오."

두 동생이 간절히 부탁하는 형의 모습을 불쌍히 여겨 수중에 있는 얼마 되지 않는 돈을 내놓자, 소진은 다시 가족을 등지고 길을 떠났다. 그는 먼저 연나라로 갔다.

연문공은 소진이 진혜문왕에게 대저서를 지어 올렸으나 등용되지 못했다는 소문을 듣고 마음속으로 존경하고 있었기 때문에, 맨발로 달려 나가 소진을 환영했다. 연문공이 가르침을 청하자 소진이 말했다.

"지금 진나라는 천하제일의 막강한 군사력을 등에 업고 모든 나라를 위협하며 땅을 바치라 하고 있습니다. 하지만 조, 위, 한, 연,

116

제, 초 등 여섯 나라의 군사력을 합치면 진나라의 열 배가 넘습니다. 이 여섯 나라가 힘을 합쳐 진나라에 대항한다면 진나라가 어찌 감당할 수 있겠습니까? 육국이 동맹하여 한 나라가 침략을 당하면 나머지 다섯 나라가 도와주어야 모든 나라가 살 수 있습니다. 그렇지 않고 각자 진나라를 상대하여 땅을 조금씩 떼어 바치다가는 한 나라씩 차례로 진나라의 손에 멸망하고 말 것입니다."

이것이 그 유명한 소진의 합종책(合從策)이다.

소진의 말을 들은 연문공이 고개를 끄덕이며 말했다.

"정말 좋은 말씀입니다. 하지만 다른 나라들이 동의할지 그것이 문제입니다."

"그렇다면 제가 먼저 연나라와 국경을 맞대고 있는 조나라에 가서 조후를 설득하도록 하겠습니다."

연문공은 기뻐하며 많은 황금과 좋은 수레, 그리고 호위병들까지 갖추어 주었다. 조후를 만난 소진은 합종책에 대해 자세히 설명했다. 이때는 조후도 이미 소진에 대한 소문을 듣고 있었던 데다가, 천하의 정세를 정확히 파악해 문제의 원인과 대책을 설명하는 소진의 말을 듣고는 매우 감동을 받았다.

조후는 즉각 소진을 조나라의 정승으로 삼은 뒤 말했다.

"승상께서 여섯 나라를 동맹시키는 일을 맡아 반드시 성공시켜 주십시오."

소진이 먼저 한나라와 위나라로 유세를 떠날 준비를 하던 중, 조후가 소진을 불러 급박한 소식을 알렸다.

"진나라 군사가 위나라로 쳐들어와 위나라 대장을 사로잡고 군사 수만 명을 참했다고 합니다. 위나라는 하는 수 없이 성 열 곳을 진나라에 바치고 화평을 청했다고 합니다. 형세상 진나라의 다음 목표는 우리 조나라일 것입니다. 다른 나라와 동맹을 맺는 것보다 진나라의 침입에 대비하는 것이 발등의 불이 되었습니다. 승상께서 는 우리나라에 머물면서 대책을 세워 주십시오."

소진은 잠시 고민한 끝에 말했다.

"조금도 염려 마십시오. 진나라가 결코 조나라에 쳐들어오지 못 하도록 할 계책이 섰습니다."

승상부에 돌아온 소진은 심복 한 사람을 불러 많은 돈을 주면서 한참 동안 비밀히 무언가를 지시했다.

한편 소진과 함께 산을 내려온 장의도 소진 못지않게 가난했다. 그도 소진처럼 자신의 고국인 위나라에서 벼슬을 얻고자 했으나 실패했다. 그는 초나라로 가서 정승인 소양에게 유세했으나, 당장 벼슬을 얻지는 못하고 그의 문하에서 지내면서 기회를 보기로 했다. 얼마 뒤 소양은 위나라를 쳐서 일곱 성을 빼앗았고, 초왕은 그 공을 높이 평가하여 화씨지벽(和氏之璧), 즉 변화라는 사람의 옥을 선물 했다.

이 옥은 천하의 보배였다. 그 옥이 그렇게 귀한 물건이 된 데는 유래가 있었다.

과거 변화라는 사람이 좋은 옥의 원석을 주워 초왕에게 바쳤다. 왕이 옥공을 시켜 감정을 시켰더니 옥공은 그것이 그냥 돌이라고 했다. 왕은 노하여 왕을 속인 죄로 변화의 왼쪽 다리를 자르게 했다.

118

변화는 그 다음 왕이 즉위하자 다시 그 옥돌을 바쳤다. 하지만 이번에도 옥공은 그냥 돌에 불과하다 했고, 변화는 오른쪽 다리마저 잘리고 말았다. 그리고 또 그 다음 왕이 즉위하자 변화는 그 옥돌을 껴안고 눈물을 흘리며 말했다.

"새 왕께 이 옥을 바쳐서 내가 옳았음을 증명해야 하는데, 이제는 두 발이 모두 없어 바치러 갈 수조차 없으니 참으로 슬프고 원통하다."

며칠 밤낮을 쉬지 않고 울자, 변화의 눈에서는 피가 흘렀다. 이 소문을 들은 왕은 변화를 데리고 오도록 한 뒤, 옥공을 보내 옥돌을 잘라 보게 했다. 그러자 천하제일의 옥이 나와서, 왕은 변화에게 많은 상을 주고 옥공에게 그것을 다듬게 한 뒤 화씨지벽이라 이름 붙인 것이다.

정승 소양은 이 옥을 애지중지하여 언제나 가지고 다녔다. 그러던 어느 날 소양은 빈객들과 함께 경치 좋은 산의 유명한 누각으로 소풍을 갔다. 술이 몇 순배 돌았을 때, 빈객 가운데 하나가 소양에게 청했다.

"승상께서는 천하의 보배인 화씨의 옥을 선물 받으셨다 하는데, 저희에게도 한번 보여주실 수 있겠습니까?"

소양은 자랑하고 싶은 마음에 옥 상자를 가져오라 하여 자물쇠를 풀고 옥을 꺼내어 상 위에 올려놓았다. 모든 사람들이 그 영롱한 빛에 감탄을 금치 못했다. 바로 그때 누각 아래의 연못에서 푸드덕하는 큰 소리가 연신 들려왔다. 무리 중 한 사람이 소리쳤다.

"이것 보십시오. 엄청난 장관입니다."

소양을 비롯한 모든 사람들이 누각의 난간에 모여 내려다보니, 연못에서 커다란 물고기들이 앞다투어 펄쩍펄쩍 뛰어오르고 있었다. 모두들 신기해서 한참을 보고 자리에 앉았는데, 귀신이 곡할 일이 벌어졌다. 화씨의 옥이 사라지고 만 것이다.

소양은 깜짝 놀라 수행원들에게 명령했다.

"샅샅이 뒤져 어떻게든 반드시 찾아내도록 하여라."

수행원들이 주변을 이 잡듯이 뒤지고 동행한 사람들의 몸까지 철저히 수색했지만, 결국 화씨의 옥은 찾을 수 없었다. 소양은 할 수 없이 빈손으로 돌아왔다.

얼마 뒤 소양의 명으로 옥의 행방을 찾던 자가 보고했다.

"그날 승상과 동행한 사람들 중에 수상한 자는 장의뿐입니다. 그는 승상 문하에 든 지도 얼마 되지 않았을 뿐 아니라, 몹시 가난합니다."

승상은 장의를 잡아들여 문초했지만, 장의에게서 옥이 나올 리 없었다. 장의는 죽지 않을 정도로 매질을 당한 뒤 풀려났다. 지인의 등에 업혀 기절한 채 집에 돌아온 장의는 한참이 지나서야 의식을 회복했다. 그는 울고 있는 아내를 보고 물었다.

"내 혀가 아직 그대로 있소?"

"네, 혀는 다치지 않았습니다."

그 얘기를 들은 장의는 웃으며 말했다.

"다행이오. 내 혀만 무사하면 걱정할 것이 없소."

장의는 아내와 함께 위나라로 돌아갔다. 어디에 가서 벼슬자리를 구할까 고민하던 중, 장의는 소진이 조나라 정승이 되었다는 소문을 들었다. 장의는 생각했다.

"잘되었다. 몸이 완전히 회복되면 그 친구를 찾아가 만나 보아야 겠군."

그러던 중 동네 어귀에서 어떤 사람이 수레를 멈추고 장의에게 길을 물었다. 장의가 길을 알려 주니 그 사람이 이런저런 얘기를 꺼내어 대화가 길어지게 되었다.

"저는 조나라에서 온 장사꾼 가사인이라고 합니다."

"저는 장의라고 합니다. 그런데 조나라 분이라면 소진을 아십니까?"

"당연히 알지요. 우리나라 정승을 모를 리가 있나요? 그것은 왜 물으시는지요?"

"나는 소진과 동학으로, 한 스승님 밑에서 배운 의형제나 다름없는 사이입니다. 내 조만간 조나라로 가서 소진을 한번 만나 볼 작정이었습니다."

"마침 잘되었습니다. 제가 물건을 다 팔고 돌아가는 길이니 저와 함께 수레를 타고 가시면 어떻겠습니까? 정승을 만나서 높은 벼슬을 얻으시면, 저를 모른다 하지만 말아 주십시오."

장의는 가사인의 수레를 얻어 타고 조나라로 갔다. 가사인은 높은 벼슬에 오르실 분이라며, 좋은 음식을 대접하고 숙박비를 지불하며 장의를 극진히 대접했다. 조나라 도읍에 당도해서는 장의가 당분간 묵을 여관을 정해 주고 여관비까지 지불한 뒤 다시 만나자며 집으로 돌아갔다.

다음 날 장의는 승상부에 찾아가 문지기에게 말했다.

"동문수학한 의형제 장의가 찾아왔다고 전하게."

안으로 들어갔다 나온 문지기가 말했다.

"오늘은 승상께서 중요한 손님을 맞으시는 날이라 객들을 만날 수 없다고 합니다."

장의는 할 수 없이 그 다음 날 다시 찾아갔다. 문지기가 또 들어 갔다 나와 말했다.

"승상께서 지금은 바쁘시니 숙소를 알려 주고 가시면 곧 사람을 보내어 청하신다고 전하시랍니다."

장의는 하는 수 없이 문지기에게 숙소를 알려 주고 여관에 와서 기다렸다. 하지만 며칠이 지나도 연락이 없었다. 다시 승상부에 찾 아간 장의에게 문지기가 말했다.

"오늘은 승상께서 출타 중이십니다."

여관에 돌아온 장의는 화가 머리끝까지 나서 위나라로 돌아가려 고 짐을 챙겼다. 그런데 여관 주인이 극구 말리며 말했다.

"그냥 가 버리셨다가 정승께서 사람을 보내어 찾으시면 저는 크 게 경을 칠 것입니다. 정승께 기별이 올 때까지 절대로 보내 드릴 수 없습니다."

장의는 할 수 없이 며칠 더 머물기로 했다. 그렇게 며칠을 더 기 다려 승상부에 다시 찾아가 보니 문지기가 말했다.

"승상께서 내일 만나자 하십니다."

다음 날 아침 장의는 다시 승상부를 찾았다. 문지기는 정문이 아 닌 쪽문을 열어 주며 그리로 들어가라 했다. 장의가 물었다.

"왜 정문이 아닌 쪽문으로 들어가라 하는가?"

"공무로 온 손님이나 승상께서 인정하신 귀한 손님이 아니면 쪽문을 사용하게 되어 있습니다."

장의는 또 기분이 상했다. 장의가 들어가 보니 소진은 제일 높은 자리에 서 있는데, 아침 문안을 드리려는 관리들이 두 줄로 늘어서 있었다. 문안 인사가 끝나자 공무로 정승을 찾아온 자들이 계속 결재를 받기 위해 올라갔다. 장의는 기다릴 수밖에 없었다.

결재는 해가 중천에 떠서야 끝났다. 그제야 승상이 부른다는 기별이 왔다. 장의가 다가오는 것을 보면서도 소진은 자리에서 꿈쩍도 하지 않고 있었다. 장의가 소진에게 올라가려 하자 옆에서 관리들이 붙잡고 엄하게 말하였다.

"승상께 예를 갖추시오."

장의는 꾹 참고 읍하며 고개를 숙였다. 그때 시중드는 자가 소진에게 말했다.

"점심시간이 되었습니다. 상을 들여보낼까요?"

"내 일이 바빠 손님을 기다리게 했구나. 손님께는 따로 툇마루에 상을 차려 드리도록 하여라."

그러고는 소진을 보고 말했다.

"자네 시장할 테니 일단 식사를 하고 이야기를 나누세."

장의가 툇마루에 앉아 상을 받아 보니 고기와 채소가 한 접시씩 놓여 있을 뿐이었다. 반면 소진의 상은 다리가 부러질 정도의 진수성찬이었다. 장의가 다시 한 번 꾹 참고 밥을 먹다가 올려 보니, 소진은 먹다 남은 음식을 시자들에게 주었는데, 그들이 먹는 것이 자신의 식사보다 백배는 나았다.

식사를 마치고 장의가 소진에게 서운함을 토로하자 소진이 말했다.

"똑같은 스승에게 배우고도 이렇게 신분의 차이가 나는 것은 자네가 무능하기 때문이다. 그러고도 불평만 하니, 내가 어찌 자네를 천거할 수 있겠는가?"

장의가 더 이상 참을 수 없어 말했다.

"알겠네. 내 당당히 혼자 힘으로 성공해 보이겠네. 자네의 도움 따위는 필요 없네."

"내 옛 동학에 대한 정을 생각해서 약간의 노자를 줄 테니 잘해 보게."

장의가 돈을 받아 보니 한 끼 밥값에도 충분치 못했다. 장의는 그 돈을 집어던지고 욕을 하며 뒤도 돌아보지 않고 나가 버렸다.

장의는 여관에 돌아가서 짐을 챙겼다. 그때 마침 가사인이 찾아와서는 말했다.

"정승을 만난 일은 잘되셨는지요?"

장의가 씩씩대며 자초지종을 설명한 뒤 말했다.

"내 진나라에 가서 반드시 높은 지위를 얻어 조나라를 쳐서 소진에게 설욕할 것입니다. 다만 지금 수중에 돈이 한 푼도 없으니 그것이 걱정입니다."

"제가 바빠서 잘 주선을 해 드리지 못하여 죄송할 따름입니다. 제가 마침 친척을 만나러 진나라에 갈 일이 있으니 저와 함께 가시지요."

장의는 감사하며 가사인과 결의형제를 맺었다. 가사인은 진나라로 가는 길에도 장의에게 후한 대접을 했을 뿐 아니라, 진나라 대신들에게 장의를 천거해 달라고 많은 뇌물을 뿌렸다. 진혜문왕은 지난날 소진을 등용하지 않았던 것을 후회하고 있던 차에, 소진과 동학인 장의가 찾아왔다는 말을 듣고 장의를 환대했다. 거기에 대신들의 추천까지 더해져 진혜문왕은 장의에게 높은 벼슬을 주었다.

며칠이 지난 후, 가사인이 장의에게 말했다.

"저는 이제 조나라로 돌아가겠습니다."

"내가 이 자리에 오른 것은 모두 동생의 덕이네. 이제야 은혜를 갚으려 하는데 이 무슨 말인가?"

"제가 무엇 때문에 알지도 못하는 사람에게 그런 선심을 쓰겠습니까? 선생을 도운 것은 소진 대감이십니다."

그러고는 깜짝 놀라는 장의에게 자초지종을 설명했다. 진나라가 조나라를 칠 경우 소진이 계획하고 있는 합종책은 수포로 돌아가고 말기 때문에, 장의에게 모욕감을 주어 분발하도록 한 뒤 진나라의 고위 관직에 오르도록 도왔다는 것이다.

장의는 깊이 탄식하고 말했다.

"소진의 식견은 나보다 월등하구나! 그대는 소진에게 가서 진나라가 조나라를 치는 일은 없을 것이라고 전하라."

장의는 진혜문왕을 설득하여 조나라를 치려는 계획을 단념시켰고, 그 보고를 받은 소진은 비로소 한숨을 내쉬고 안심했다.

장의를 통해 진나라의 조나라 침공을 미연에 방지한 소진은 계획대로 한, 위, 제, 초 등 네 나라 군주를 만나 설득한다.

"진나라의 탐욕은 끝이 없고 땅은 한정되어 있습니다. 한 번 땅을 주면 그 다음에도 또 땅을 달라고 요구할 것입니다. 진나라는 더욱 강대해지고 땅을 바친 나라는 점점 약해질 것이니 어떻게 상대하겠습니까? 닭의 주둥이가 될지언정 소꼬리가 되어서는 안 된다는 말이 있습니다. 여섯 나라가 동맹하면 진나라에 맞서기는 어려운 일이 아닙니다."

네 나라 군주들은 모두 소진의 연설에 감동을 받았다. 외교에 대성공을 거둔 소진은 여섯 나라 사신과 군사의 호위를 받으며 낙양으로 돌아갔다. 주나라 왕이 직접 나와 소진을 영접했으며, 모든 백성들과 관리들은 길가에 엎드렸다. 그를 욕하고 비웃던 동생과 형수도 그 속에 고개를 숙이고 꿇어앉아 있었다. 소진이 탄식했다.

"사람은 부귀해야 함을 더욱 절실히 느끼는구나."

가족들에게 큰 집과 많은 재물을 남긴 소진은 조나라로 돌아가서 여섯 나라 제후의 맹약을 주선했다. 여섯 나라 제후는 모두 왕의 호칭을 쓰기로 하고 맹약을 맺은 뒤, 소진에게 정승의 인을 주었다. 소진은 전무후무하게 육국 정승을 겸하는 지위에 오른 것이다.

여섯 나라의 힘을 합쳐 진나라에 대항해야 한다는 소진의 합종책은 이렇게 실현되었지만, 국제간의 이해관계는 그리 간단치 않았다. 때로는 육국 사이에 분쟁과 반목이 생기기도 하고, 때로는 육국 중 일부가 맹약을 어기고 진나라와 가까이 지내기도 하는 등, 끊임없이 문제가 생겼다.

그때마다 소진은 이 나라 저 나라로 동분서주했으나, 그의 문제해결 방식은 점점 권모술수로 흐르게 되었다. 이 나라에서는 이렇게 말하고 저 나라에 가서는 달리 말하는 식이었다. 급기야 소진은 연나라 왕에게, 제나라로 거짓 망명하여 제나라 국내 정치를 어지럽혀 연나라에 이롭게 하겠다고 말하는 지경에까지 이른다.

가난뱅이 소진이 갑작스레 최고의 권력자가 된 데 대해 시기하던 자들은 때가 왔다고 생각하고 자객을 구했다. 어느 날 제왕을 만나러 가던 소진은 궁궐 복도에 숨어 있던 자객의 칼에 찔리고 말았다.

소진은 죽어 가면서도 자신을 죽인 범인을 잡을 수 있는 방법을 제왕에게 아뢰었다.

"신이 죽거든 제 목을 베어 저잣거리에 효수한 뒤, '알고 보니 소진은 연나라의 간첩이었다. 소진을 죽인 자는 큰 공을 세운 셈이니 상금으로 천금을 줄 것이다.'라는 내용의 글을 공표하십시오. 그렇게 하지 않으면 범인을 잡을 수 없습니다."

제왕은 소진의 유언대로 했다. 과연 어떤 자가 상금을 받기 위해 나타났다. 하지만 그는 상금은커녕 혹독한 고문을 당한 끝에 배후 인물을 모두 실토하고 말았다. 관련자들은 모두 참형을 당했다.

그런데 소진이 죽자 소진의 문하에 있던 사람들을 통해 이런저런 사실들이 밝혀지기 시작했다. 소진은 실제로 연나라를 위해 제나라를 망치려고 왔다는 것이었다. 이때부터 제나라와 연나라 사이에 결정적인 균열이 생기게 된다.

한편 장의는 소진과 달리 여섯 제후국들로 하여금 각각 진나라를 섬기게 하는 연횡책(連橫策)을 펼치고자 노력했다. 그렇게 함으로써 육국의 동맹을 깨뜨려 결국 진나라가 천하를 통일하도록 하고자 했던 것이다.

하지만 장의 역시 열국을 돌아다니며 거짓말을 하고, 진나라로 하여금 약속을 손바닥 뒤집듯이 하게 만들었다. 가장 대표적인 것으로, 다른 나라에 가서 동맹을 깨고 진나라와 손을 잡으면 큰 땅을 주겠다고 약속하고는, 실제로 동맹이 깨지면 그 약속을 어기는 식이었다.

장의의 거짓말은 여러 나라의 제후들을 분노케 했다. 초나라와 제나라 왕은 이렇게 말할 정도였다.

"장의라는 놈을 넘겨주기만 한다면 우리나라 성 열 개를 줄 것이다."

장의는 위기에 빠질 때마다 상상을 초월하는 권모술수로 그 위기를 벗어났지만, 얼마 못 가서 위나라에서 병들어 죽고 말았다.

14.

닭 울음소리와 개 흉내로 큰 공을 세우다
─ 계명구도(鷄鳴狗盜)

맹상군은 제나라 정승의 아들로, 첩의 소생이었으나 어릴 때부터 어진 인품으로 소문이 나서 적자 자리를 물려받았다. 그는 선비들과 사귀기를 좋아했고, 아버지의 뒤를 이은 후로는 커다란 관사를 지어 자신을 찾는 선비는 모두 받아들였다. 그는 모든 선비들을 존경했고 자신의 옷과 음식을 그들과 똑같이 했다.

맹상군의 소문을 듣고 천하의 모든 선비들이 모여들어, 그의 식객만 해도 3천 명이나 될 정도였다. 모든 나라 제후들은 맹상군의 명성을 듣고 존경했다. 그리고 그가 제나라 정승이 되자, 어느 나라도 제나라를 함부로 보지 못하게 되었다.

진왕(秦王)도 맹상군을 사모하여 그를 한번 만나 보길 원하자 신하 중 한 사람이 말했다.

"그러시다면 맹상군을 우리나라로 초대하십시오."

"맹상군은 지금 제나라의 정승인데, 초대에 응할 수 있겠는가?"

"왕의 동생 되시는 분을 볼모로 보내고 초대하시면 될 것입니다."

그리하여 진왕의 동생인 경양군이 사자 겸 볼모로 가서 제민왕에게 진왕의 뜻을 전했다. 제민왕은 신하들과 상의한 끝에, 진나라와의 친선을 위해 맹상군을 보내는 한편, 경양군도 볼모로 잡아 두지 않고 함께 보내기로 했다.

맹상군이 진나라로 떠날 때 그의 문하에 있는 선비들 천여 명이 자원해서 따라나섰다. 그가 진나라 궁에 들어가자, 진왕이 계단 아래까지 내려와 환영하며 말했다.

"선생을 한번 만나 보는 것이 소원이었는데, 오늘에야 그 소원이 이루어지는구려."

맹상군은 정중히 인사하고, 자신이 가지고 있는 하얀 여우 털로 덮여 있는 가죽옷, 즉 백호구(白狐裘) 한 벌을 선물로 바쳤다. 그것은 값어치를 따질 수 없이 귀한 옷이었다.

진왕은 그 백호구를 입고 궁에 들어가서 자신이 가장 총애하는 후궁인 연희에게 자랑했다.

"이것은 천 년 묵은 여우의 겨드랑이 가죽으로 만든 옷으로, 오직 제나라에서만 구할 수 있는 천하의 보물이다."

그리고는 그 옷을 벗어 창고지기에게 주면서 명령했다.

"지금은 날씨가 더우니 이 백호구를 잘 보관해 두었다가, 날씨가 쌀쌀해지면 꺼내 오도록 하라."

그리고 얼마 후 진왕은 신하들에게 맹상군을 진나라 정승으로 삼을 뜻을 밝혔다. 그러자 맹상군이 자기 자리를 차지할까 봐 불안해진 진나라 정승이 자신을 따르는 신하들을 시켜 반대했다.

"맹상군은 제나라 사람입니다. 그가 권력을 쥐면 우리 진나라가 아닌 제나라를 위해 일할 것입니다."

"그럼 그를 어떻게 처리해야 할까?"

"그를 따라온 많은 문객들은 이미 우리나라의 실정을 소상히 파악했을 것이니, 맹상군을 돌려보내면 우리나라에 커다란 위협이 될 것입니다. 그를 죽여 버리는 것이 좋습니다."

진왕은 고개를 끄덕였다.

왕의 동생으로 제나라에 다녀온 경양군은 이 소식을 듣고 깜짝 놀랐다. 그는 이전에도 맹상군의 명성을 익히 들었지만, 이번에 제나라에 다녀오면서 직접 만나 겪어 보고는 그의 높은 인품을 더욱 존경하게 되었던 것이다. 그는 맹상군의 숙소로 찾아가서 그가 위험에 빠졌음을 알렸다. 맹상군이 경양군에게 물었다.

"무슨 방도가 없겠습니까?"

"방법은 한 가지뿐입니다. 진왕을 설득할 수 있는 것은 진왕의 총애를 받고 있는 연희뿐입니다. 그녀에게 선물을 보내 도움을 청해야 합니다."

"그럼 대군께서 이 선물을 전해 주고 주선을 해 주시기 바랍니다."

경양군이 연희에게 맹상군이 준 귀한 옥을 주면서 도움을 요청하자 연희가 말했다.

"제가 지금 가지고 싶은 것은 백호구뿐입니다."

경양군은 그 말을 맹상군에게 전했다. 하지만 백호구는 이미 진왕에게 선물한 뒤였다. 맹상군은 함께 온 문객들과 대책을 논의했다. 모두들 꿀 먹은 벙어리가 되어 있는데, 맨 아랫자리에 있던 자가 나서며 말했다.

"제가 보잘것없는 재주를 발휘해서 대군을 위해 백호구를 가져오겠습니다."

그는 밤이 되자 개 탈을 쓰고 개구멍으로 기어서 궁중 창고 앞까지 갔다. 그러고는 "월월월!" 하면서 개 짖는 소리를 냈다. 누가 들어도 영락없는 개소리였다. 그 소리를 들은 창고지기가 혼잣말을 했다.

"저놈은 잠도 없군 그려. 개가 지키고 있으니 나는 한숨 자 볼까? 누가 가까이 오면 저놈이 짖어서 깨워 주겠지."

그러고는 벽에 기대어 이내 깊은 잠에 빠졌다. 개로 변장했던 문객은 그의 허리춤에서 열쇠를 빼내어 창고 문을 열고 잘 보관되어 있는 백호구를 가져다가 맹상군에게 바쳤다.

다음 날 경양군을 통해 백호구를 받은 연희는 뛸 듯이 기뻐하며 도움을 주기로 약속했다. 그러고는 그날 밤 진왕에게 술을 권해서 거나하게 취하게 한 뒤, 애교 섞인 목소리로 말했다.

"대왕께서 친히 맹상군을 초청하시고 또 그를 죽이신다면 천하의 어진 선비들은 진나라에 절대로 발을 들여놓지 않을 것입니다."

이 말을 들은 진왕은 즉시 맹상군을 돌려보내 주라고 분부했다.

맹상군은 일행에게 말했다.

"진왕의 마음이 바뀌기 전에 국경을 넘어야 합니다. 모두들 서둘러야겠습니다."

맹상군 일행은 밤낮을 가리지 않고 달려 진나라의 마지막 관문인 함곡관에 도달했다. 하지만 때는 한밤중이라 관문은 굳게 닫혀 있었다. 관문은 첫닭이 울어야만 열리는 것이다.

맹상군이 일행에게 말했다.

"지금이라도 진나라 군사가 추격해 오는 날에는 꼼짝없이 잡히고 말 것입니다. 무슨 방법이 없겠습니까?"

바로 그때 갑자기 "꼬끼오~" 하고 닭 울음소리가 났다. 사람들이 깜짝 놀라 소리 나는 곳을 돌아보니 일행 중 한 사람이 닭 울음소리를 내고 있는데, 실제 닭 울음소리와 전혀 구분이 되지 않았다. 그가 몇 차례 울음소리를 내자 사방에서 진짜 닭들이 화답하여 울기 시작했다.

"꼬끼오~"

"꼬꼬댁 꼬꼬~"

관문을 지키는 관리는 눈을 비비며 나와서 문을 열면서 말했다.

"벌써 관문을 열 시간이 되었나?"

드디어 관문이 열리자 맹상군 일행은 함곡관을 벗어나 제나라를 향해 전속력으로 달렸다.

한편 진왕은 신하들의 말을 듣고 다시 마음이 변해서 맹상군을 쫓아가 잡아 오라 명했다. 하지만 그가 이미 함곡관을 벗어나 멀리 가 버렸다는 보고만이 돌아왔다. 이후 연희가 백호구를 자랑스럽게 입고 있는 것을 보고 전후 사정을 알아본 후 말했다.

"맹상군 문하에는 별별 인재가 다 모여 있구나."

이후 "닭 울음소리와 개로 위장해 도둑질을 함"이라는 의미의 계명구도(鷄鳴狗盜)라는 성어는 아무리 보잘것없는 재주라도 쓸모가 있다는 뜻으로 사용된다.

맹상군이 제나라로 돌아가 다시 정승이 되자, 진왕은 제나라가 강해질 것을 염려해서 맹상군을 없애 버릴 계책을 세웠다. 그는 먼저 초나라에 사자를 보내 우호를 맺은 뒤, 두 나라가 협력하여 제나라에 많은 간첩을 보내 맹상군이 왕위를 노린다는 소문을 퍼뜨렸다.

소문이 점점 커지자 제민왕은 맹상군을 정승 자리에서 내쫓았다. 그러자 맹상군의 문하에 있는 풍환이라는 사람이 말했다.

"저에게 수레 한 대와 약간의 노자를 주시면, 제가 반드시 대군을 전보다 더 부귀하게 만들어 드리겠습니다."

맹상군이 기뻐하며 승낙하자 풍환은 목적지도 말하지 않은 채 떠났다. 그는 진나라로 가서 진왕을 만나 말했다.

"제왕은 유언비어만 믿고 그동안 세운 커다란 공로는 생각지도 않은 채 맹상군을 몰아냈습니다. 지금이야말로 맹상군을 데려다가 등용할 기회입니다. 맹상군은 제왕에 대해 원한을 가지고 있을 뿐 아니라 제나라 실정을 손바닥 보듯이 알고 있습니다. 그를 등용하면 제나라를 쉽게 제압할 수 있고, 제나라만 제압하면 천하를 차지할 수 있습니다. 제왕의 마음이 바뀌기 전에 서두르셔야 합니다."

진왕은 전부터 맹상군을 크게 등용할 생각이 있었던 데다가, 전에 시기하여 반대하던 진나라 승상은 이미 죽은 뒤라 반대하는 사람도 없었다. 그리하여 진왕은 풍환의 조언에 따라 사자를 보내어 맹상군을 데리고 오도록 분부했다.

진왕의 승낙을 받은 풍환은 서둘러 제민왕에게 가서 말했다.

"진나라에서 맹상군을 등용하기 위해 사신을 보냈다 합니다. 지금처럼 혼란할 때는 훌륭한 인물을 등용해야 다른 나라를 제압할 수 있습니다. 맹상군이 진나라에 등용되면 우리 제나라가 가장 먼저 위험에 처할 것입니다. 속히 맹상군을 다시 정승 자리에 복귀시키시고, 전보다 더 많은 땅을 하사하셔야 합니다."

제민왕이 사람을 보내 살펴보게 하니, 과연 진나라의 사자가 화려한 수레에 많은 선물을 싣고 제나라 쪽으로 오고 있다고 보고했다. 제민왕은 서둘러 맹상군을 다시 정승의 자리에 복귀시키고, 진나라의 유혹에 흔들리지 않도록 많은 땅을 하사했다.

이렇게 맹상군이 명성을 떨치자, 다른 나라에도 맹상군을 흉내 내어 사람들에게 덕을 베풀고 많은 선비를 받아들여 문하에 두는 공자들이 생겨났다. 조나라의 평원군, 위나라의 신릉군 등이 그들이었다.

이후 제나라가 여러 나라와의 전쟁에서 승리하고 많은 땅까지 획득하게 되자, 제민왕은 교만 방자해져서는 허울뿐인 주나라를 없애 버리고 스스로 천자가 되고자 했다. 맹상군이 극력 반대하자 제민왕은 맹상군을 다시 쫓아내고는 그를 옹호하는 신하들을 죽여 버렸다. 맹상군은 제민왕이 자신을 죽이려 할 것임을 우려하여 위나라로 가서 신릉군에게 몸을 의탁한 뒤, 평원군과 더불어 교류를 하다가 위나라에서 죽었다.

15.

소꼬리에 불을 붙여 적을 대파하다

　소진이 합종책을 써서 진나라에 맞서기 위해 여섯 나라의 동맹을
성공시킨 후, 가장 먼저 동맹을 깨뜨린 것은 제나라였다. 제민왕의
아버지인 제선왕이 연나라 왕이 죽은 틈을 타서 연나라를 공격하여
성 열 개를 빼앗고 돌아간 것이다.

　소진이 제나라에서 암살을 당한 후, 그가 연나라의 간첩이었음을
알게 된 제민왕은 맹상군으로 하여금 대군을 이끌고 다시 연나라를
치게 했다. 그러자 힘이 약한 연나라는 공자 한 사람을 볼모로 바치
고 화평을 청하였다.

　당시 연나라의 정승 자지(子之)는 오랫동안 연나라 정권을 잡고
있었지만, 그에 만족하지 않고 스스로 왕이 될 생각을 가지고 있었
다. 그는 조정의 많은 신하들을 포섭하여 은밀하게 일을 진행했다.
포섭된 신하들은 다른 나라에서 사신이 오기만 하면 자지야말로 참

으로 어진 사람이라고 말하여 사전 정지 작업을 했다.

그러던 중 연왕이 제나라에 사신으로 다녀온 신하 한 사람에게 물었다.

"맹상군이 참으로 뛰어난 인물이라 들었소. 과연 맹상군은 제나라로 하여금 패업을 성취하게 할 만합디까?"

"그렇게는 되지 않을 것입니다. 제왕은 맹상군에게 전권을 맡기지 않으니 맹상군이 아무리 훌륭해도 어찌하겠습니까?"

"참으로 안타까운 일이오. 우리나라에 맹상군 같은 사람이 있다면 나는 그에게 전권을 맡길 텐데 말이오."

"우리나라의 정승 자지 또한 맹상군 못지않게 훌륭한 인물입니다. 그에게 전권을 맡기면 패업을 이룰 수 있을 것입니다."

얼마 뒤 연왕이 신하들과 대화를 하는 도중, 자지 일당 한 사람이 연왕에게 말했다.

"요순우 세 사람이 모두 성군으로 일컬어지지만, 우임금이 요순 두 사람보다 낮게 평가되는 데에는 이유가 있습니다."

"그 이유가 무엇이오?"

"요임금은 자기 아들이 아닌 순임금에게 왕위를 전했고, 순임금도 역시 자기 아들이 아닌 우임금에게 왕위를 전했습니다. 그런데 우임금만 자기 아들에게 왕위를 전했기 때문입니다."

"그럼 내가 정승에게 왕위를 양보하면 어떻겠소?"

"그렇게 하면 요임금이나 순임금과 다를 바 없을 것입니다."

이런 식으로 연왕은 대다수 대신들이나 백성들의 의사와는 무관하게, 자지 일파의 계책에 놀아나서는, 결국 그에게 연나라를 양도

했다. 자지는 몇 번 사양하는 척하다가, 못 이기는 척 왕위에 올랐다. 연나라의 많은 사람들이 불만을 토했다.

이 소식을 들은 연나라의 충직한 장군들이 군사를 일으켜 자지를 공격했으나, 결국 패하여 죽음을 당하고 말았다. 자지의 신하가 말했다.

"전 왕의 세자가 있기 때문에 이런 일이 생긴 것입니다. 세자를 죽여 버려야 합니다."

이 소식을 미리 알아차린 세자와 그 동생들은 다른 나라로 달아나 버렸다. 이런 일련의 상황에 연나라 백성들은 더욱 분노했다.

이런 혼란을 틈타 제나라는 대군을 이끌고 연나라로 쳐들어갔다. 하지만 연나라 백성들은 물론 군사들마저도 힘껏 싸우지 않았을 뿐 아니라, 심지어는 성문을 열어 놓기까지 했다. 제나라 군대는 불과 50일 만에 연나라 수도에 도달했다. 자지와 그 일당이 저항했으나, 얼마 못 가서 사로잡혀 죽고 말았다. 왕이 된 지 불과 1년여 만의 일이었다.

제나라는 연나라 국토의 반 이상을 차지했지만, 연나라 백성들의 바람과는 달리 종묘를 허물어 버리고 보물을 노략질해서 제나라로 가지고 갔으며, 백성들을 탄압했다. 제나라는 연나라를 아예 없애 버리려 한 것이다.

연나라 백성들은 격분해서 달아난 세자를 왕으로 세웠다. 그가 연소왕이다. 연소왕은 전국 각지에 격문을 보냈고, 많은 백성들이 힘을 합하여 제나라에 저항했다. 거기에 제나라를 경계한 다른 나라들마저 연나라에 군대를 보내려 하자 제나라 군대는 자국으로 돌아갈 수밖에 없었다.

연소왕은 종묘를 새로 짓고 그 앞에서 복수를 맹세했다. 그는 먼저 힘든 일을 당한 백성들에게 덕을 베풀어 민심을 얻었다. 또한 군사들과 함께 고락을 같이하며 모든 일에 솔선수범했다.

그러던 어느 날 그가 정승에게 말했다.

"어떻게 하면 훌륭한 인물을 구해서 이 원수를 갚을 수 있겠소?"

"옛날 어떤 군주가 한 신하에게 천금을 주며 천리마를 구해 오라고 했습니다. 그런데 얼마 뒤 그 신하는 죽은 천리마의 뼈를 500금이나 주고 사 왔습니다. 군주가 크게 노하자 신하가 말했습니다. '죽은 천리마 뼈를 500금에 샀다는 소문이 퍼지면 산 천리마를 가진 자들은 그와 비교할 수 없는 많은 돈을 받을 것이라 생각하고 천리마를 끌고 올 것입니다.' 얼마 뒤 과연 그 군주는 천리마를 세마리나 얻게 되었습니다. 이제 제가 천리마 뼈 노릇을 하겠습니다. 그러면 반드시 저보다 훌륭한 인물을 얻을 수 있을 것입니다."

연왕은 고개를 끄덕이고는, 그날부터 정승을 스승의 예로 모셔 꿇어앉아 가르침을 받고 아침저녁으로 문안을 드렸다. 또한 훌륭한 인물을 구하는 데는 황금을 아끼지 않겠다는 의미로 높은 대를 세우고 그 위에 황금을 쌓아 두었다. 이런 소문이 두루 퍼지자 천하에서 재주 있는 선비들이 연나라로 모여들었다.

그 가운데 위나라에서 큰 공을 세운 악양의 손자 악의라는 사람이 있었다. 연소왕은 그에게 높은 벼슬을 주고 극진히 대접했다. 그러던 중, 제민왕이 맹상군을 내쫓고 천자 행세를 하며 날로 포악해져 민심이 흉흉하다는 소식을 들은 연소왕이 악의에게 말했다.

"지금이야말로 하늘이 주신 기회인가 합니다. 이제 국력을 다해 제나라를 치고자 합니다."

"좋은 기회이기는 합니다만, 제나라 군사는 여전히 강합니다. 주변국들과 힘을 합쳐야 합니다."

그리하여 연소왕은 조나라, 위나라, 한나라, 진나라와 협의하여 힘을 합치기로 했다. 약속한 날 네 나라 군사가 모여들자, 악의가 총대장이 되어 대군을 이끌고 제나라로 쳐들어갔다. 제민왕은 군대를 이끌고 맞섰으나 크게 패하고, 제나라 도읍인 임치성마저 버리고 다른 나라로 도망치는 동시에 초나라에 구원을 청했다.

제민왕은 주변의 작은 나라로 도망쳤다. 하지만 자기 주제 파악을 못하고 천자 행세를 하려다가 여기저기에서 쫓겨나고 말았다. 결국 그는 제나라 땅 가운데 아직 점령되지 않은 거주라는 곳으로 가서 군사를 모아 굳게 지켰다.

악의는 제나라 수도인 임치성을 함락시킨 뒤, 지난날 제나라가 약탈해 간 연나라 보물은 물론 제나라 창고의 보물까지 싣고 연나라로 돌아갔다. 연소왕은 친히 악의를 영접하고, 그에게 창국군(昌國君)이라는 칭호를 내렸다. 악의는 다시 제나라 정벌을 마무리 짓기 위해 돌아갔다.

한편 제나라 왕족 중에 전단이란 사람이 있었다. 그는 뛰어난 인재였지만, 재주를 인정받아 등용되지 못한 채 불우하게 생활하고 있었다. 연나라가 쳐들어오자 전단은 피난을 가기 전에 수레바퀴를 쇠붙이로 단단히 감쌌다. 사람들은 모두 쓸데없는 짓을 한다며 비웃었다. 그런데 연나라 군대를 피해 피난을 가던 중 많은 사람들은 수레가 고장 나서 붙잡힐 수밖에 없었지만 전단의 가족은 무사히 즉묵 땅까지 달아날 수 있었다. 이후 즉묵 태수가 죽자 전단은 사람들에 의해 지도자로 추대되었다.

악의는 6개월여 만에 제나라 70여 성을 함락시켰다. 이제 남은 곳은 거주와 즉묵 두 군데뿐이었다. 악의는 명령을 내렸다.

"쥐도 궁지에 몰리면 고양이를 무는 법이다. 제나라를 완전히 정복하려면 힘이 아니라 민심을 얻어야 한다."

그는 두 고을에 대한 공격을 멈추고, 제나라 백성들을 위로하며 두루 은혜를 베풀었다.

그 무렵 초나라 장군 요치가 거주로 구원병을 이끌고 왔다. 제민왕은 너무 반가운 나머지 그를 제나라 정승으로 임명했다. 그런데 그는 초왕으로부터 무조건 제나라를 도울 것이 아니라 상황을 보아 초나라에 유리하게 행동하라는 지시를 받았는데, 와서 살펴보니 대세는 이미 기운 듯했다. 요치는 심복 부하 한 명을 악의에게 밀사로 보내며 말했다.

"우리 초나라 군사가 제민왕을 죽일 테니 제나라 땅을 나누자고 전하라."

악의는 즉시 찬성했고, 요치는 제민왕을 붙잡아 대들보에 매단 채 굶겨 죽여 버렸다. 맹상군과 같은 어진 신하를 내친 뒤 교만하고 포악하게 굴던 제민왕은 이렇게 불행한 최후를 맞이했다.

한편 제나라 대부 왕손가는 국외로 도망가는 제민왕을 따라나섰는데, 도중에 제민왕을 잃어버리고 말았다. 숙소에서 아침에 일어나 보니 밤새 위기를 느낀 제민왕이 다른 곳으로 달아나 버리고 없었던 것이다.

그가 집에 돌아오자 자초지종을 들은 노모가 말했다.

"나는 네가 아침에 나가면 저녁에 문에 기대어 네가 돌아오기를 기다렸다. 왕이 신하를 기다리는 것은 어미가 자식을 기다리는 것과 같다. 제나라 신하로서 네가 어떻게 왕을 버리고 혼자 돌아올 수 있느냐?"

왕손가는 부끄러워 당장 제민왕을 찾아 나섰다. 여기저기 헤매던 그는 왕이 거주 땅에 있다는 소문을 듣고 즉시 달려갔으나, 왕은 이미 요치의 손에 죽은 뒤였다. 그는 거주성을 돌아다니며 호소했다.

"요치는 우리 왕께 정승 자리까지 받고도 도리어 왕을 죽였소. 나와 함께 그 불충한 놈을 치고자 하는 사람은 나를 따르시오."

이리하여 400여 명의 별동대가 조직되었다. 그들은 요치가 있는 곳으로 쳐들어갔다. 당시 초나라 본진은 성 밖에 있고, 요치만이 소수의 경비병들과 제민왕이 거처하던 곳에서 여자들을 데리고 희희낙락하고 있었다. 왕손가의 별동대는 이미 모든 일이 끝났다고 믿고 방심하고 있던 경비병들을 무찌른 뒤 요치마저 잡아 죽였다.

초나라 본진의 군사들도 대장이 죽자 뿔뿔이 흩어져 버렸고, 달아났던 제나라 신하들은 다시 거주 땅으로 모여들었다. 그들은 사방으로 사람을 보내어 행방불명된 세자를 찾아 새 왕으로 모셨다. 새로 즉위한 제양왕은 즉묵 땅의 전단과 긴밀한 연락을 취하면서 연나라에 저항했다.

악의는 오히려 두 고을의 포위를 늦추고 군대를 다소 뒤로 물린 뒤 말했다.

"백성들이 성으로 자유롭게 드나들도록 해 주어라. 그들에게 덕을 베풀면 자연히 항복할 것이다."

한편 연나라 세자는 연나라의 병권을 노리고 있는 기겁이란 자의
말을 듣고는 연소왕에게 말했다.

"6개월 동안 70개 성을 함락시킨 악의가 두 고을을 함락시키지
못하고 있는 데에는 이유가 있습니다. 그는 민심을 얻어 자신이 제
나라 왕이 되고자 하는 것입니다."

연소왕은 크게 노했다.

"창국군이 없었다면 어떻게 원수를 갚을 수 있었겠느냐? 나는 창
국군을 제나라 왕으로 앉힐 작정이다. 네가 어찌 그런 주제 넘는 소
리를 한단 말이냐?"

그는 세자에게 매 20대를 치고는, 사신을 보내 창국군을 제나라
왕으로 봉했다. 하지만 악의는 결단코 사양했다. 이 소식을 들은 전
단이 말했다.

"연소왕이 살아 있는 한은 제나라 회복이 힘들겠구나."

그런데 얼마 못 가서 연소왕이 사망했다. 연소왕은 평소 불로장
생술을 좋아했는데, 신선이 되는 명약이라고 일컬어지는 선단(仙
丹)을 먹은 부작용이 발생한 것이었다. 그리하여 세자가 즉위하여
연혜왕이라 칭하였다.

악의를 전적으로 신뢰하던 연소왕이 죽었다는 소식을 들은 전단
은 즉시 간첩들을 연나라로 보내어 이런 내용의 소문을 퍼뜨렸다.

"악의는 오래전부터 전단과 내통하고 있었다네. 이제 곧 악의가
왕이 되고 전단이 정승이 될 것이라지. 그래서 악의는 제나라 민심
을 얻기 위해 공격을 하지 않고 제나라 사람들에게 후덕하게 대하

고 있는 것이라네. 그래도 우리 제나라 사람들에게는 다행이지 뭔가? 다른 장수가 와서 모질게 공격을 한다면 어찌하겠는가?"

연혜왕은 세자 때부터 악의를 의심했던지라, 이 소문을 듣자 즉시 분부를 내렸다.

"기겁을 대장으로 삼고, 악의를 소환하도록 하라."

소식을 들은 악의는 연나라로 돌아가면 목숨이 위태로울 것을 알고 조나라로 도망쳤다. 악의를 대신해 병권을 잡은 기겁은 악의와는 반대로 총공세를 펴는 동시에, 제나라 백성들뿐 아니라 연나라 군사들에게도 혹독하게 굴었다.

전단은 드디어 때가 왔다고 생각했다. 그는 부하들을 시켜 연나라 군사들 사이에 이런 소문이 나도록 했다.

"인자하기만 했던 악의와 달리, 새로 온 연나라 장수는 제나라 포로의 코를 벤다더라. 그래서 제나라 사람들은 모두 두려움에 떨고 있다더라. 그리고 성안 사람들은 연나라 군대가 성 밖에 있는 조상의 무덤을 파헤칠까 봐 두려워한다더라."

안 그래도 악의가 제나라 민심을 무마하던 것을 탐탁지 않게 생각했던 기겁은 옳거니 하고 포로들의 코를 베게 하는 한편, 즉묵 땅 사람들의 조상 묘를 파헤치게 했다. 그러자 제나라 사람들 중에서 연나라로 투항하는 사람이 없어졌을 뿐 아니라, 즉묵 땅의 모든 백성들이 치를 떨며 전단에게 달려가 자신도 무기를 들고 원수를 갚겠다고 청했다.

전단은 기겁에게 사람을 보내어, 식량이 떨어져 더 버틸 수 없으니 곧 성문을 열어 항복하겠다는 뜻을 밝힌 뒤, 성안의 소를 모두 끌어모았다. 그리고 모은 천 여 마리의 소에게 오색의 용이 그려진 붉은 옷을 입힌 뒤, 뿔에는 칼을 묶고, 꼬리에는 기름 먹인 천을 잔뜩 매달도록 했다.

그러고는 그날 밤 그 소를 성 밖으로 몰고 나가서는 꼬리에 일제히 불을 붙였다. 항복 약속을 믿고 마음을 놓고 있던 기겁과 연나라 병사들은 어둠 속에서 괴물이 불을 달고 달려오는 모습을 보고 대경실색하며 달아나기 시작했다. 하지만 꼬리에 불이 붙어 미친 듯이 날뛰는 소에 밟혀 죽고 소뿔에 달린 칼에 찔려 죽은 자들이 부지기수였다.

전단은 자원한 백성들을 이끌고 도망가는 연나라 군사들을 추격하여 무찔렀다. 달아나면서 자기들끼리 밟혀 죽기도 하는 마당이라, 연나라 군사들은 맞서 싸울 생각도 못했다. 전단은 기겁을 추격하여 한칼에 베어 버렸다.

전단의 승전보는 사방으로 퍼져 제나라 각지에서 연나라에 반기를 들었고, 전단은 사방에서 몰려드는 지원병을 거느리고 연나라 군사를 국경 밖으로 몰아내어 제나라 70여 성을 모두 수복하였다.

사람들은 전단을 왕으로 추대하고자 하였으나, 전단은 사양하고 거주에 있는 제양왕을 모셔 와 받들었다. 제양왕은 전단을 안평군에 봉하고 식읍 1만 호를 제수했다.

16.

스스로 웃통을 벗고 형틀을 메고 가서 죄를 청하다
— 문경지교(刎頸之交)

조나라 혜문왕의 내시 중 한 사람에게 나그네 한 사람이 찾아와 옥을 사라고 했다. 옥이 너무 좋아 보이는지라, 내시는 좋은 값을 쳐 주고 산 뒤, 옥공을 불러 감정하게 했다. 옥공이 깜짝 놀라며 말했다.

"이것을 어디에서 구하셨습니까? 이것은 바로 그 유명한 화씨의 옥입니다. 과거 장의가 변을 당한 것도 이 때문입니다."

내시는 매우 기뻐했지만 그것도 잠시였을 뿐, 옥은 곧바로 소문을 들은 조왕의 차지가 되고 말았다. 그 소문은 진나라 소양왕에게까지 흘러들어 갔다. 소문을 들은 진소양왕이 승상에게 말했다.

"내 화씨의 옥을 한 번만이라도 보았으면 소원이 없겠소."

"그러시다면 열다섯 성과 바꾸자고 하십시오."

"아무리 그래도 어찌 열다섯 성과 옥 하나를 바꾸겠소?"

"옥을 가지고 오면 받아 두고는, 성은 안 주면 그만입니다."

진소양왕은 기뻐하며 즉시 조나라에 사신을 보냈다. 진나라가 속임수를 잘 쓴다는 사실은 이미 어느 나라나 다 알고 있는지라, 조왕은 매우 난감했다. 대신들과 상의했으나 뾰족한 대책이 없었다. 그때 옥을 빼앗긴 내시가 말했다.

"제 수하에 인상여란 자가 있습니다. 그는 용기와 지혜를 겸비한 사람이니 그와 상의해 보는 것이 좋을 듯합니다."

그 내시는 조왕에게 옥을 빼앗기지 않으려다가 목숨을 잃을 위기에 처했는데, 인상여의 계책으로 기사회생한 것이다. 조왕은 허락하고 인상여를 불러오라 하여 어찌하는 것이 좋을지 물었다. 인상여가 대답했다.

"제안을 받아들여야 합니다."

"하지만 진나라는 속임수를 잘 쓰오. 옥만 빼앗기고 성은 못 받지 않겠소?"

"신이 그 옥을 가지고 가서 열다섯 성을 받으면 진나라에 옥을 주고, 그렇지 않으면 다시 가지고 돌아오겠습니다."

조왕은 인상여의 기개를 높이 평가하고 대부의 벼슬을 주어 진나라로 보냈다.

진나라에 도착한 인상여가 진왕에게 옥을 바치자, 왕은 감탄하고는 좌우에 있는 신하들에게 돌려 가며 구경시킨 뒤, 후궁에 가지고 가서 구경시키고 오라고 명령했다. 옥은 다시 돌아왔으나, 왕은 조나라의 사신인 인상여 자신에게도 무례할 뿐 아니라 열다섯 성에 대한 얘기는 일언반구도 없었다. 그러자 인상여가 진왕에게 말했다.

"이 옥에는 작은 흠이 있습니다. 제가 설명해 드리겠습니다."

왕이 허락하자, 인상여는 옥을 받아들더니 왕에게 가지 않고 대전 기둥에 기대어 서서는 말했다.

"우리 대왕께서 진나라의 요청을 받고 대신들과 상의했을 때, 모든 신하들은 진나라를 믿을 수 없다며 반대했습니다. 하지만 저는 '필부도 거짓말을 하지 않는데, 진왕께서 거짓말을 하실 리가 있겠습니까?'라고 말하면서 요청을 받아들여야 한다고 말했습니다. 그런데 대왕께서는 천하의 보배를 시정의 구경거리 다루듯 이리저리 돌려 보게 하시고, 성에 대해서는 아무 말씀도 없으시니, 이는 약속을 지킬 마음이 없다는 뜻입니다. 저는 우리 조나라 왕으로부터 옥을 주고 성을 받아 오라는 막중한 임무를 받고 왔습니다. 그런데 이제 왕께서 약속을 지키지 않으신다면, 저는 이 옥을 던져 깨뜨려 버리고 죽음을 택하는 수밖에 없습니다."

그는 당장이라도 옥을 던질 것 같았다. 그러자 당황한 진소양왕이 말했다.

"진정하시오. 내 반드시 약속을 지키겠소."

"조왕께서는 닷새간 목욕재계하고 이 옥을 보내셨습니다. 대왕께서도 닷새간 목욕재계하시고 예를 갖추신다면 그때 옥을 바치겠습니다."

"알겠소. 대부는 그동안 공관에 물러가 쉬면서 기다리도록 하시오."

공관에 돌아간 인상여는 진왕이 약속을 지키지 않는다면 옥만 빼앗길 뿐이라 생각하여 부하 한 사람을 불러 지시했다.

"너는 거지로 변장한 후 이 옥을 가지고 조나라로 돌아가 왕께
바치도록 해라."

닷새가 지나자 진왕은 예물을 갖추어 놓고, 옥을 자랑하고자 진
나라에 와 있는 모든 나라의 사신들을 초대했다. 그런데 인상여가
들어오는데 손에는 아무것도 없었다. 왕이 이유를 묻자 인상여는
대답했다.

"사람을 시켜 옥을 조나라로 돌려보냈습니다."

진소양왕이 잔뜩 화가 나서 인상여를 결박하라 명령했지만, 인상
여는 표정도 변하지 않고 조용하게 말했다.

"진나라는 속임수를 쓴 전례가 너무 많습니다. 최근에만 해도 상
앙과 장의가 주변 국가들을 무수히 속였고, 심지어는 초왕을 속여
포로로 잡아 결국 죽게 만들기까지 했습니다. 진나라는 강하고 조
나라는 약하니, 진나라가 약속을 지키지 않아도 조나라는 어쩔 방
법이 없습니다. 제가 염려하는 것도 당연하지 않습니까? 하지만 진
나라가 먼저 약속을 지키면 조나라가 어찌 약속을 어길 수 있겠습
니까? 저는 조왕께 약속대로 성을 받지 못하면 옥을 가지고 돌아가
겠다고 했으니 이렇게 할 수밖에 없었습니다. 이제 신을 죽이셔도
좋습니다. 다만 천하 모든 국가의 사신들이 이 일을 어떻게 전할지
는 알 수 없습니다."

진왕이 주변을 둘러보니 여러 나라의 사신들이 인상여의 말에 동
감하는 눈치였다. 그는 어차피 옥을 얻지 못한 바에야 욕까지 먹을
필요가 없다고 생각해서 웃으며 말했다.

"그를 풀어 주고 조나라로 돌려보내 주어라."

그리하여 인상여는 진나라에 조나라에도 인물이 있음을 확실히

각인시키고 돌아갔다.

　얼마 뒤 진소양왕은 조나라를 휘어잡지 못한 것이 못내 아쉬워, 조나라에 사신을 보내 조왕과 회견할 뜻을 밝혔다. 조왕은 초왕처럼 포로가 되어 잡혀갈까 두려웠지만, 진나라에 겁을 먹고 굴복하는 모습을 보여서는 안 된다는 주장에 따라 인상여와 함께 회담장에 가기로 했다. 또한 평원군의 충고에 따라 만일의 사태에 대비해서 군대를 회견장 30리 밖에 주둔시키기로 했다.

　염파가 왕을 전송하면서 말했다.

　"왕께서 30일이 지나도 돌아오시지 않으면 신은 세자를 왕으로 모시겠습니다."

　조왕은 처연한 마음으로 허락했다.

　드디어 회견이 열리고 두 왕이 술자리를 가지게 되었다. 술이 몇 순배 돌자 진소양왕이 말했다.

　"조왕께서는 음악에 능하시다 들었습니다. 제게 좋은 거문고가 있으니 한 곡 연주해 주십시오."

　참으로 무례한 요구였지만 조왕은 거절하지 못하고 한 곡을 연주했다. 진왕이 껄껄 웃으며 옆에 있는 사관에게 오늘 있었던 일을 기록하라 분부했다. 조나라로서는 참으로 치욕스러운 순간이었다.

　그때 인상여가 진왕에게 말했다.

　"진왕께서도 음악에 조예가 깊으시다 들었습니다. 여기 흙으로 만든 장구가 있으니 화답하여 주시기 바랍니다."

　진소양왕이 씩씩거리며 아무 말도 못하면서도 연주도 하지 않으려 하자 인상여가 다시 말했다.

"대왕께서 어찌 이렇듯 우리 조나라를 모욕하십니까? 이제 저는 대왕과 지척지간이라 대왕의 옷을 피로 물들일 수 있습니다."

깜짝 놀란 진나라 무사들이 인상여에게 달려들려 하자 인상여가 천둥과 같은 목소리로 소리쳤다.

"네 이놈들, 물러서거라."

순간 인상여의 눈이 쭉 찢어지면서 머리털과 수염이 꼿꼿이 섰다. 그 표정이 어찌나 섬뜩하던지 무사들조차 뒷걸음질 치고 말았다.

진소양왕도 두려워 할 수 없이 연주를 했다. 그러자 인상여도 조나라 사관에게 기록하라 말했다.

화가 난 진나라 신하들이 조왕에게 협박조로 억지를 부렸다.

"오늘 조왕께서는 훌륭한 대접을 받았으니 열다섯 성을 진나라에 바치십시오."

그러자 인상여도 지지 않고 진왕에게 말했다.

"좋습니다. 그렇다면 진나라에서는 답례로 함양성을 내주십시오."

입장이 난처해진 진소양왕은 억지로 웃으며 말했다.

"자, 오늘은 유쾌한 자리이니 그런 얘기들은 그만하고 술이나 마시면서 즐깁시다."

회견이 끝나자, 진나라 신하들이 조왕과 인상여를 포로로 잡아가자고 말했다. 그러자 진소양왕이 말했다.

"지금 조나라 대군이 멀지 않은 곳에 있다 하니 섣불리 행동했다가는 웃음거리밖에 안 된다. 이제 조나라를 가볍게 볼 수 없음을 알았으니, 그들을 극진히 대접하고 조나라와 불가침조약을 맺은 뒤, 한나라부터 도모하는 것이 좋겠다. 어지간한 방법으로는 조나라가 우리를 믿지 않을 것이니 세자 안국군의 아들 이인을 볼모로 보내도록 하자.”

이리하여 두 나라는 우호조약을 맺었다. 이때 조나라에 볼모로 간 이인의 아들이 자라 천하를 통일한 진시황이 되는 것이다.

무사히 귀국한 조왕은 인상여에게 정승보다 높은 지위를 만들어 주었다. 그러자 정승 염파가 자기 주변 사람들에게 불만을 토로했다.

“내시 밑에 있던 자가 세 치 혀를 놀려 전쟁에서 무수한 공을 세운 나보다 윗자리에 앉는다는 것이 말이나 되는가? 내 이놈을 가만두지 않겠다.”

이 말을 전해 들은 인상여는 병을 핑계 대고 궁에 나가지 않았다. 그리고 외출했다가 우연히 반대편에서 오는 염파를 보자, 수레를 돌리도록 하여 골목에 숨었다가 염파 일행이 지나간 뒤에서야 나왔다.

불만이 쌓인 문하의 사람들이 인상여에게 몰려가서 말했다.

“저희는 대감께서 당대의 대장부라 믿고 의탁했습니다만, 이제 창피해서 더 있을 수가 없습니다. 고향으로 돌아가겠습니다.”

“여보게들, 나는 진왕을 모욕하고 진나라 신하들과 무사들을 꾸짖은 사람이네. 그런 내가 염파를 두려워해서 그랬겠나? 진나라가 우리 조나라를 함부로 대하지 못하는 것은 나와 염파가 있기 때문일세. 우리 둘이 싸우면 둘 중 한 사람이 죽어야 끝이 날 것이네. 사사로운 명예를 위해서 나라를 망칠 수야 있겠는가?”

인상여의 문인들은 크게 감동했다. 그래서 주점에서 염파의 문인들을 만나 자리를 다투다가도 이렇게 말하곤 했다.

"우리 대감의 뜻을 받들어 나라를 위해 자리를 양보하겠다."

이야기를 전해 들은 염파는 속 좁게 행동한 자신이 너무나 부끄러웠다. 그리하여 웃옷을 벗고 죄인을 벌줄 때 쓰는 형틀을 메고 인상여를 찾아가서 무릎을 꿇고 큰 소리로 소리쳐 사죄하면서 눈물을 흘렸다.

"속 좁은 이 몸이 대감의 큰 뜻을 몰라보았습니다. 어찌 용서를 바라겠습니까?"

그 소리를 들은 인상여는 버선발로 뛰어나와 염파를 부축해 일으키며 말했다.

"장군께서 알아주시니 오히려 고맙기 그지없습니다."

인상여의 눈에서도 주체할 수 없는 눈물이 흘렀다. 염파도 그를 부둥켜안고 울며 말했다.

"이제부터 저는 대감과 생사를 함께하는 벗이 되겠습니다. 제 목에 칼이 들어오더라도 신의를 버리지 않겠습니다."

이후 정말로 소중한 벗을 문경지교(刎頸之交), 즉 목이 잘리더라도 신의를 저버리지 않는 친구라고 표현하는 것은 이 두 사람의 일화에서 비롯된 것이다.

17.

반간계는 반간계를 낳다

이 무렵 진나라의 명장 백기는 초나라를 쳐서 도읍인 영성을 함락시켜 진나라에 합병해 버렸다. 그리하여 초나라는 수도를 옮길 수밖에 없었다. 이후 진나라는 다시 초나라 검중 땅을 쳐서 합병시켰다. 초왕은 급박하게 세자를 진나라에 볼모로 바치고 화평을 청했다. 그 후 백기가 다시 위나라를 치자, 위나라는 세 성을 바치고 화평을 맺었다. 진소양왕은 개선해 온 백기에게 무안군(武安君)이라는 칭호를 내렸다.

얼마 후 진나라는 다시 위나라를 쳐서 남양 땅을 빼앗아 진나라에 합병한 뒤 한나라를 쳤다. 그러자 한나라는 조나라에 구원을 청했다. 조혜문왕은 신하들과 상의한 뒤, 조사를 대장으로 삼아 구원병을 보냈다. 조사는 기발한 용병술로 진나라 군대를 무찔렀다. 그는 개선하여 염파와 인상여 버금가는 대접을 받았다.

조사의 아들 조괄은 평소부터 교만하여 자신이 병법의 대가라고 자부했다. 어느 날 조사는 아들과 병법을 논했는데, 아들의 태도는 방자하기 짝이 없어 아버지마저 무시할 정도였다. 조괄의 어머니는 이런 아들을 매우 자랑스럽게 생각했다. 그러자 조사가 말했다.

"저 녀석의 천상천하유아독존(天上天下唯我獨尊) 격인 태도만 보더라도 장군의 자격이 없음을 알 수 있소. 군대를 부린다는 것은 죽고 사는 것과 직결되어 있는지라, 항상 사람들의 의견을 널리 귀 기울여 들으며 전전긍긍해도 족하다 할 수 없소. 저 녀석처럼 남의 말을 안 듣고 제멋대로만 한다면 적에게 패할 것은 명약관화하오."

몇 년 후 조사는 병이 나서 죽을 지경에 이르자, 아들 조괄을 불러 놓고 말했다.

"너는 결코 장수가 될 만한 인물이 못 되니 무슨 일이 있어도 절대로 장수가 되어서는 안 된다. 잘못하다가는 집안뿐 아니라 나라까지 망칠 것이다."

그리고 아내에게도 말했다.

"혹시라도 왕이 저 녀석을 장수로 삼으려 하면, 당신이 왕을 뵙고 지금 내가 한 말을 전한 뒤 끝까지 사양하시오."

그러고는 눈을 감았다.

이후 진나라는 왕흘을 대장으로 삼아 다시 한나라를 쳤다. 한나라는 다시 조나라에 구원을 요청했고, 조나라 장군 염파가 구원병을 이끌고 출전했다. 이때 인상여는 이미 너무 늙어 은퇴한 뒤였다. 조나라 군대가 장평관에 이르렀을 때, 진나라 군사가 조나라 정탐 부대를 전멸시키자, 염파는 영채를 세우고 굳게 지켰다. 진나라 군대가 주변의 성을 계속해서 점령하고, 성을 지키던 부대가 패해 도 망쳐 오는데도 염파는 도리어 이런 명령을 내렸다.

"굳게 지키기만 하라. 나가서 싸우는 자는 이기고 돌아와도 참형 에 처할 것이다."

진나라 군대가 아무리 싸움을 걸어도 염파는 지키기만 할 뿐이었 다. 진나라 장수 하나가 꾀를 내어 염파의 영채로 흘러들어 가는 시 냇물의 물길을 돌려 버렸지만, 염파는 이미 여러 개의 못을 파고 저 수지를 만들어 놓았기 때문에 물 부족을 느끼지 않았다.

그렇게 몇 달이 지나자, 왕홀은 어찌해 볼 도리가 없어 본국에 보 고하고 대책 마련을 요구했다. 진나라 승상 범저가 진소양왕에게 말했다.

"백전노장 염파는 장기전을 계획하고 있습니다. 보급선이 길기 때문에 시간이 갈수록 우리 군대는 어려운 상황에 놓일 것입니다. 염파를 제거하지 않으면 조나라를 무찌를 수 없습니다."

"무슨 방법이 없겠소?"

"반간계를 써야 합니다."

그는 왕의 허락을 받아 심복 부하들에게 많은 재물을 주어 조나 라로 보냈다. 그 후 한두 달이 지나면서 조왕에게는 이런 소문이 들 리기 시작했다.

"염파는 이미 늙어서 겁이 너무 많아졌다. 여러 번 패했는데도 나가 싸우려 하지 않는다. 진나라를 무찌르려면 대장을 교체해야 하는데, 지난번에 진나라 군대를 물리친 조사의 아들 조괄만한 사 람이 없다. 그는 아버지보다 훨씬 뛰어난 장수다."

진나라 간첩의 뇌물을 받은 신하들도 계속 같은 얘기를 해 댔다.

조왕은 장평으로 사람을 보내 염파에게 나가 싸울 것을 독촉했지만, 염파는 계속 지키기만 할 뿐 꿈쩍도 하지 않았다. 조왕은 조괄을 불러 물었다.

"그대가 대장이 된다면 진나라 군대를 무찌를 수 있겠소?"

"물론입니다. 무안군 백기 정도의 명장이라면 몰라도, 애송이 왕홀 정도는 북을 한 번 울려 격파할 수 있습니다."

조왕은 조괄을 상장군으로 삼고, 20만 대군을 이끌고 출전하라 명령했다. 소식을 들은 조괄의 어머니는 왕을 찾아가서 조사의 말을 전하며 말했다.

"남편은 지난날 나라에서 받는 상까지 모두 군사들에게 나누어 주었고, 왕명을 받으면 군사들과 함께 숙식하며 집에 들어온 적이 없었습니다. 또한 널리 의견을 묻고 신중히 상의하되, 한 번도 독단적으로 결정한 적이 없습니다. 그런데 제 아들은 장수가 되자마자 나라에서 받은 물건을 모조리 집으로 가져왔습니다. 그가 어찌 군사들의 존경을 받는 장수가 될 수 있겠습니까? 못난 아들로 인해 나라가 망하게 할 수는 없습니다. 바라건대 다른 훌륭한 사람을 임명하시기 바랍니다."

이렇게 누차 간청했으나 조왕이 말을 듣지 않자, 그녀는 다시 말했다.

"정 그러시다면 못난 아들이 전쟁에 패하더라도 집안사람들에게만은 죄를 묻지 마시기 바랍니다."

왕은 그녀의 청을 허락했다.

조괄은 장평관에 도착해 사령관의 직을 인수받았고, 염파는 조나라 도읍인 한단성으로 돌아갔다. 조괄은 먼저 염파가 데리고 있던 장수들을 모두 자기 수하 사람들로 교체했다.

한편 진나라 간첩들은 조괄이 왕에게 한 말을 전해 듣고 진나라에 가서 보고했다. 그리하여 무안군 백기가 비밀리에 장평 땅으로 파견되어 상장군이 되고, 왕홀은 그를 보좌했다.

조괄은 장수들과 군사들에게 무조건 나가 싸워 이기라고 독촉했다. 그는 백기가 보낸 정탐부대와 싸워 이기자 더욱 교만해져 하루라도 빨리 승전보를 전하고자 했다. 하지만 전장에서 백기를 맞닥뜨린 조괄은 기절초풍했다. 백기의 용병술에 말려들어 도망가던 조괄은 결국 화살을 맞아 죽고, 살아남은 조나라 군사는 모조리 포로가 되었다. 기존에 염파가 데리고 있던 부대와 조괄이 이끌고 온 부대까지 합하면 무려 40만 명이었다.

그날 밤 백기가 왕홀에게 말했다.

"포로로 잡힌 조나라 군사는 모두 40만 명이나 되오. 조나라 백성들도 우리 진나라 군대를 미워하는데, 이들 40만 명이 반란이라도 일으키는 날에는 어찌하겠소?"

왕홀은 머리를 끄덕였다.

며칠 후 열 개 영채에 나뉘어 수용된 조나라 포로들에게 술이 지급되었다. 그리고 포로들 중에 원하는 자는 진나라 군대로 편입되어 똑같은 대우를 받을 것이라는 전갈이 내려왔다. 포로들은 기뻐하며 술을 마셨다. 그날 밤 진나라 군대는 포로들을 포위한 채 활과 창칼로 마구 학살했다. 하룻밤 사이에 40만 명이 전멸당하고 만 것이다.

이 소식을 들은 조나라는 전국이 초상집으로 변했다. 하지만 더욱 급한 것은 백기의 군대가 한단 땅으로 진군하고 있다는 사실이었다. 조왕이 신하들과 상의했지만 누구도 대책이 있을 리 없었다.

평원군은 집에 돌아와 문객들에게 무슨 대책이 있을지 물었지만, 그들 역시 아무 말도 못했다. 그때 평원군의 식객으로 있던 소진의 동생 소대가 앞으로 나서며 말했다.

"저를 진나라로 보내 주시면 진나라 군대가 제 발로 물러나게 하겠습니다."

평원군은 소대를 조왕에게 천거했고, 조왕은 지푸라기라도 잡는 심정으로 그에게 많은 재물을 주어 진나라로 보냈다. 그는 곧바로 승상 범저를 찾아가서 말했다.

"저는 승상을 위기에서 구해 주기 위해 왔습니다."

"무슨 말씀이신지요?"

"무안군 백기는 벌써 70여 개의 성을 빼앗았고, 백만 명이 넘는 적군을 참수했습니다. 이제 그가 한단으로 향하고 있으니 조나라가 망할 것은 불 보듯 뻔한 일입니다. 그렇게 되면 진나라의 천하통일은 머지않을 것이며, 백기의 공은 강태공보다 클 것입니다. 승상은 백기 앞에서 고개를 숙일 수 있겠습니까?"

범저는 잠시 생각해 본 후 말했다.

"그럴 수는 없지요. 그렇다면 어떻게 해야겠습니까?"

"승상께서는 한나라와 조나라에 사람을 보내어 땅을 바치면 화평을 받아 주겠노라 하십시오. 그러면 두 나라의 땅을 얻은 것은 오히려 승상의 공로가 될 것입니다."

승상 범저는 진소양왕에게 보고한 뒤, 한나라와 조나라에 사자를 보냈다. 바람 앞에 등불 격이었던 두 나라가 그 요구를 거부할 리 없었다. 진소양왕은 두 나라가 바치는 땅을 접수한 뒤, 백기에게 회군을 명하였다.

조나라 정복을 눈앞에 둔 백기는 사람들에게 안타까워하며 말했다.

"한 달이면 조나라를 통째로 합병할 수 있었는데 애석하오. 왕께서 정세를 잘 모르는 범저의 주장을 받아들이셨으니 어찌하겠소?"

진소양왕은 이 말을 듣고서야 후회했지만 이미 엎질러진 물이었다.

얼마 지나지 않아 진소양왕은 다시 조나라를 치고자 했지만, 백기가 병이 나서 다른 장수를 대장으로 삼고 대군을 보내 한단성을 포위했다. 하지만 다시 조나라 사령관을 맡은 염파의 방어에 막혀 성을 함락시키지 못한 채, 간간이 크고 작은 손해만을 입으면서 시간만 흘러갔다.

그러던 중 백기가 완쾌되자 진왕은 백기에게 다시 사령관직을 맡으라고 했다. 하지만 백기는 사양하며 말했다.

"지난번 한단성 함락을 눈앞에 두었을 때와는 상황이 다릅니다. 조나라는 2년 동안 준비를 했습니다. 게다가 염파는 조괄과 비교할 수 없는 장수입니다. 또한 이미 땅을 받고 화평을 맺었는데 다시 공격한다면, 모든 나라들이 우리 진나라가 신용이 없다 비난하면서 구원병을 보낼 것입니다."

진소양왕은 직접 백기를 종용하기도 하고, 범저를 보내 설득하기도 했지만, 백기는 끝내 출전을 거부했다. 진소양왕은 화를 내며 말했다.

"진나라에 장수가 백기밖에 없는가? 왕홀을 새 사령관으로 보내고 10만 병사를 증원하도록 하라."

하지만 왕홀이 더 많은 군대를 이끌고 가도 한단성은 함락되지 않았다. 그 소식을 들은 백기는 사람들에게 이렇게 말했다.

"그것 보시오. 내가 조나라를 함락시키기 어렵다고 하지 않았소. 내 예상이 맞았구려."

이 말을 전해 들은 진소양왕은 애꿎은 백기에게 화풀이를 했다.

"백기의 모든 벼슬을 삭탈하고 국외로 추방하라."

백기가 하는 수 없이 국경을 향해 가는데, 승상 범저가 다시 진왕에게 말했다.

"백기를 그냥 보내서는 안 됩니다. 그가 다른 나라에 가서 장수가 된다면 우리나라에 커다란 우환이 될 것입니다."

이에 진소양왕은 백기에게 칼을 보내라 명령했다. 왕이 신하에게 칼을 보내는 것은 자결하라는 뜻이었다. 백기는 한탄하고 스스로 목숨을 끊었다.

혼란의 시대에 손무와 범려와 같이 떠날 때를 아는 현자가 아니면 천수를 다하기는 쉽지 않았다. 천하의 명장 백기도 예외는 아니었다.

18.

주머니 속의 송곳은 반드시 뚫고 나온다
— 낭중지추(囊中之錐)

진소양왕은 기필코 조나라를 정복하기 위해 증원군을 계속 보냈다. 조왕은 여러 나라에 구원을 청했다. 가장 거리가 먼 초나라에는 평원군이 직접 가기로 했다. 그는 자신의 문객 중 문무를 겸비한 자 스무 명을 뽑아 함께 가려 했지만, 아무리 살펴보아도 한 사람이 부족했다.

그때 맨 뒤쪽에 있던 선비가 나서서 말했다.

"저를 데려가십시오."

"선생은 누구시오?"

"저는 모수라고 합니다. 대군의 문하에 있은 지 3년이 되었습니다."

"주머니에 송곳을 넣으면 반드시 뚫고 나오듯이, 훌륭한 사람은 반드시 두각을 나타냅니다. 선생은 제 문하에 있은 지 3년이 되었는데도, 저는 아직 선생의 이름조차 들어 본 일이 없습니다. 선생은 분명히 문무에 뛰어난 분이 아님에 틀림없습니다."

"이 송곳은 주머니 속에 들어가 본 적이 없습니다. 이번에 주머니 속에 넣으시면 반드시 뚫고 나올 것입니다."

평원군은 그 말을 가상히 여겨 마지막 한 명으로 모수를 선발했다.

초왕을 만난 평원군은 구원병을 보내야만 하는 이유를 설명했지만, 진나라를 두려워하는 초왕은 망설였다. 그렇게 왈가왈부하는 사이에 반나절이 지나 버렸다. 모수가 계단 위로 올라가 평원군에게 말했다.

"한마디면 끝날 일을 해가 중천에 뜰 때까지 결정 못하고 있으니 답답합니다."

초왕이 꾸짖으며 물었다.

"그대의 주인과 천하의 대사를 논의하는데 어찌 무례하게 끼어드는가?"

모수가 당당하고 늠름하게 대답했다.

"천하의 대사인 만큼 모든 현명한 선비의 의견을 들어야 하지 않겠습니까? 천하의 강대국이었던 초나라는 진나라가 강대해지면서 싸울 때마다 져서 초회왕은 포로로 잡혀가 죽고, 수도인 영성까지 빼앗겼습니다. 그 수모를 잊으셨습니까? 이제 진나라는 모든 나라를 속여 가면서 한 나라씩 쳐서 없앨 것입니다. 다른 나라들이 멸망하면 초나라만 무사할 것이라고 생각하십니까?"

모수의 설명을 듣고 초왕은 고개를 끄덕였다. 모수가 재차 다그

치자 초왕은 말했다.

"알겠소. 구원병을 보내 함께 진나라를 물리치겠소. 춘신군은 8만 명을 거느리고 조나라를 구원하시오."

이리하여 반나절을 끌던 협상을 모수는 단 몇 분 만에 마무리 지었다. 두각을 나타내겠다는 말을 스스로 증명해 보인 것이다.

위나라 역시 구원병을 보냈다. 그러자 진소양왕은 위나라를 먼저 치겠다고 위협했다. 겁을 먹은 위왕은 구원병 사령관에게 함부로 개입하지 말라고 명령했다. 춘신군 또한 조나라 도성에서 멀리 떨어진 곳에 진을 친 채 사태를 관망했다.

두 나라의 구원병이 소극적으로 관망만 하자 평원군은 자신의 처남이자 절친인 신릉군에게 편지를 보내 도움을 요청했다. 신릉군은 누차 위왕에게 간하기도 하고, 문객들을 통해 다양한 방법을 시도했지만, 진나라의 위협이 두려운 위왕은 묵묵부답이었다.

신릉군이 문객들을 모아 놓고 말했다.

"평원군과의 의리를 저버릴 수 없소. 나 혼자라도 가서 진나라 군사와 싸우겠소."

그러자 천 여 명이 따라나서겠다고 자원했다. 그들을 이끌고 조나라로 가려 하는데, 신릉군이 평소에 존경하며 후하게 대접했던 현명한 노인이 신릉군에게 말했다.

"그렇게 무작정 진나라와 싸우러 간다면 헛된 죽음이 있을 뿐입니다. 좋은 계책을 써야 합니다. 지금 위왕에게 가장 사랑받는 여인은 여희 아닙니까? 그리고 여희의 아버지가 살해되었을 때 위왕의 엄명에도 3년이 지나도록 살인자를 잡지 못했는데, 대군께서 문객을 시켜 잡아 준 일이 있지요? 여희는 분명 대군께 은혜를 갚고자 할 것입니다. 왕이 군사 통솔권을 줄 때 쓰는 병부(兵符)는 왕의 침소 깊은 곳에 있습니다. 여희에게 부탁하여 그 병부를 훔쳐, 사태를 관망하고 있는 구원부대의 통솔권을 넘겨받은 후에 조나라를 도와 진나라 군사를 치도록 하십시오.”

신릉군은 그 계책에 따라 여희에게 부탁을 했고, 여희는 은혜를 갚고자 병부를 훔쳐 신릉군에게 전달해 주었다. 신릉군은 즉시 조나라에 가서 구원부대 사령관에게 병부를 보여주고 군대를 접수하여, 조나라를 구원하기 위해 출정했다.

병부가 없어진 것을 안 위왕은 이리저리 탐문한 끝에 여희가 그것을 훔쳐 신릉군에게 준 것을 알고, 크게 노하여 신릉군의 가족을 모두 죽여 버리고자 했다. 그러자 여희가 말했다.

“저는 죽을죄를 지었으니 당장 죽더라도 할 말이 없습니다. 하지만 지금 신릉군의 가족을 죽였다가 그가 진나라 군사를 무찌르면 어찌하실 것입니까? 대왕과 우리 위나라의 위엄을 떨친 사람의 가족을 죽였다는 비난을 받으시겠습니까? 신릉군이 실패한다면 그때 죽여도 늦지 않습니다.”

위왕은 신릉군의 가족은 그대로 둔 채 여희만을 감금하고, 사람을 보내 전세를 보고하도록 했다.

한편 신릉군은 바람 앞의 등불 신세인 조나라를 구하기 위해 질풍처럼 달려가 조나라를 포위하고 있는 진나라 군대의 후미를 쳤다. 예상 못한 공격에 진나라 군대가 당황하는 사이, 평원군도 모든 군사를 이끌고 나가 결사적으로 진나라 군대를 공격했다.

이미 기습을 당해 사기가 꺾인 데다, 두 나라 군대가 목숨을 걸고 앞뒤에서 달려드니 아무리 강한 진나라 군대라도 당해 낼 수가 없었다. 진소양왕은 대세가 기울었다 판단하고 회군을 명령했다.

이 승리로 위나라와 조나라는 한동안 평화를 누릴 수 있었다. 위왕은 승리 소식을 듣고 여희를 석방했다. 신릉군은 위왕에게 죄를 지었다 하여 군대만 돌려보내고 조나라에 남았다. 조왕은 신릉군에게 높은 벼슬을 주려 했으나, 신릉군은 극구 사양했다.

그렇게 몇 년이 지난 뒤 진나라의 침략에 의해 위나라가 위기에 처하자 위왕은 사신을 보내 신릉군에게 도움을 청한다. 몇 차례 거절하던 신릉군은 마지못해 돌아가 진나라 군대를 무찔렀다. 신릉군이 있는 한 위나라를 치기가 힘들다고 생각한 진나라는 간첩을 파견해 신릉군이 왕위를 노린다는 소문을 퍼뜨렸다. 위왕이 이 말을 믿으려 하자 신릉군은 벼슬을 내놓고 술만 마시다가 죽고 말았다.

19.

수천만 배의 이익을 노리고 떨거지에게 투자하다

진소양왕이 조왕과 회견을 했을 때, 인상여의 기세에 눌려 조나라와 화평을 맺으며, 신의를 지키겠다는 뜻으로 왕손인 이인을 볼모로 보냈음은 앞서 말한 바 있다. 이후 진나라가 조나라를 공격할 때마다 이인은 생명의 위협을 느꼈다. 하지만 정작 진나라에서는 그를 까맣게 잊고 있었다. 그는 왕손이기는 했지만, 보잘것없는 떨거지 신세였기 때문이다.

이인은 진소양왕의 아들이자 세자인 안국군의 아들이기는 했지만, 서출인 데다가 어머니가 일찍 죽어 20명이나 되는 아들들 중에서도 낙동강 오리알 신세였다. 그렇기 때문에 진왕이 그를 조나라에 볼모로 보낸 것이다.

그때 한단성에는 여불위라는 장사꾼이 살고 있었다. 그는 아버지와 더불어 전쟁 통에서 폭리를 취하며 장사를 하여 큰 부자가 된 사람이었다. 어느 날 여불위는 길에서 우연히 이인을 보고는 특출한 관상에 놀라 주변 사람에게 물어 그의 정체를 알게 되었다. 그는 거대한 계책을 세웠다.

여불위는 집에 돌아가서 아버지에게 물었다.

"농사를 지으면 몇 배의 이익을 볼 수 있습니까?"

"열 배의 이익을 볼 수 있다."

"보석 장사를 하면 몇 배나 남을까요?"

"백 배는 남을 것이다."

"그렇다면 한 사람을 도와 일국의 왕으로 만든다면 이익이 몇 배나 되겠습니까?"

"허어… 그 이익을 어찌 다 헤아릴 수 있겠느냐?"

여불위는 그 후 뇌물을 동원해 이인을 감시하는 관리와 사귀었다. 그리고 틈을 보아 자연스럽게 이인과도 인사를 트게 되었다. 여불위는 그들에게 종종 술과 음식을 대접했다.

그러던 어느 날, 셋이 술자리를 하다가 그 관리가 잠시 자리를 비운 틈을 타서 여불위가 이인에게 말했다.

"진왕은 이제 연로하여 곧 대군의 부친께서 왕위를 물려받으실 것입니다. 아시다시피 부친인 안국군께서는 정실부인인 화양부인만을 아끼고 사랑하시는데, 화양부인께는 아들이 없습니다. 대군의 형제들은 20명이나 됩니다. 대군께서는 화양부인을 친어머니처럼 모시고 효도를 다해야 합니다. 화양부인께서 대군을 아들로 삼기만 하면 대군은 진나라 왕위에 오를 수 있습니다."

"내 모르는 바는 아닙니다만, 멀리 타국에 볼모로 잡혀 있는 신세이니 어쩌겠습니까?"

"그러시다면 제가 전 재산을 써서라도 일을 성사시켜 보겠습니다."

"그렇게만 된다면 선생과 부귀영화를 함께하겠습니다."

여불위는 진나라로 가서 화양부인의 언니에게 귀한 선물을 바치고, 화양부인에게도 더 귀한 선물을 전해 달라 부탁한 뒤 말했다.

"왕손 이인께서는 어려서 어머니를 여읜 뒤로 항상 화양부인을 친어머니로 생각하고 그리워하십니다. 매달 초하루와 그믐, 그리고 안국군과 화양부인의 생신날이면 목욕재계하고 진나라를 향해 절하며 만수무강을 빕니다. 이렇게 효성스러울 뿐 아니라, 학문을 좋아하고 어진 인품을 가지고 계셔서, 진나라가 조나라를 공격할 때마다 조왕이 그를 죽이고자 했지만 그를 존경하는 많은 사람들이 만류하곤 했습니다."

얘기를 전해 들은 화양부인은 이미 진귀한 보물까지 받은 터라 매우 기뻐했다. 이렇게 몇 차례 두 자매를 구워삶은 뒤 여불위가 다시 말했다.

"화양부인께서 지금은 안국군의 사랑을 받고 계시지만, 안국군이 늙어서도 화양부인을 지금처럼 사랑할 것이라고 어찌 장담하겠습니까? 화양부인께서는 슬하에 자녀가 없으신지라 다른 여자 소생의 아들이 세자가 되는 날에는 훗날을 기약할 수 없습니다. 왕손 이인처럼 효성스러운 분을 적자로 삼으셔야 나중에 그분이 왕위에 오르면 화양부인도 태후로서 위엄을 갖추실 수 있을 것입니다."

여불위의 말은 화양부인의 심중을 꿰뚫었다. 사실 화양부인도 그 점을 걱정하고 있었던 것이다. 여불위의 설득에 마음을 정한 화양부인은 이인을 적자로 삼자고 안국군을 졸랐다. 안국군은 흔쾌히 허락했지만, 화양부인은 거기에서 멈추지 않았다.

"지금은 허락하시지만, 훗날 총애하는 여인이 생기시면 마음이 변하시지 않겠습니까?"

"정 그렇다면 내가 신표를 주도록 하겠소."

그러고는 이인을 적자로 삼는다는 글을 써서 화양부인에게 주었다.

여불위는 여기에서 그치지 않고 왕후 일가에게도 뇌물을 써서 진소양왕에게 이인을 데리고 오도록 청하게 만들었다. 안국군과 왕후가 번갈아 가며 청하자 진왕도 마음이 바뀌었다. 기회를 보아 이인을 데리고 오기로 한 것이다.

일이 이렇게까지 무르익자, 안국군은 여불위를 불러들여 이인을 데리고 올 계책을 물었다. 여불위가 대답했다.

"제가 전 재산을 들여서라도 대군을 무사히 진나라로 모시고 오겠습니다."

"이제부터 그대를 이인의 선생으로 삼겠소. 이인을 잘 부탁드리오."

여불위는 조나라로 돌아와 이인에게 경과를 보고했고, 이인은 뛸 듯이 기뻐했다.

그 무렵 여불위는 마음속으로 보다 큰 그림을 그리기 시작했다. 여불위에게는 조희라는 매우 아름다운 첩이 있었는데, 그녀를 이인에게 보내기로 한 것이다. 조희는 임신한 지 얼마 안 된 상태이므로, 계획이 성공한다면 훗날 여불위의 아들이 진나라 왕위에 오르

170

게 되는 것이다.

여불위는 진수성찬을 마련하여 이인과 그를 감시하는 관리를 초대했다. 술이 여러 순배 돌아 취기가 거나하게 올랐을 때, 여불위가 분부했다.

"조희는 이리 나와서 두 분께 술을 따르고 가무를 선보이도록 하라."

조희가 술을 따르고 춤을 추는 동안 이인은 그녀에게서 눈을 떼지 못했다. 가무가 끝나 조희가 들어가고 술자리가 계속되었지만, 이인의 머릿속에는 오직 조희 생각뿐이었다. 이인은 술이 취한 척하고 여불위에게 말했다.

"저는 타국에서 너무 외롭게 지냈습니다. 이제 조희를 제게 주신다면 아내로 삼아 평생 사랑해 줄 것이며, 선생의 은혜도 잊지 않을 것입니다."

"제가 조희에게 잘 말해 보겠습니다. 잘될 것이니 염려 마시기 바랍니다."

여불위는 조희와 상의한 뒤, 다음에 다시 만날 것을 기약하고 그녀를 이인에게 보냈다. 이인은 조희를 지극히 사랑했다. 그리고 얼마 후 조희가 이인에게 말했다.

"제게 태기가 있습니다. 대군의 아이를 임신했습니다."

이인은 기쁨을 감추지 못했다. 그로부터 몇 달 후 조희는 아들을 낳았다. 이인은 그 아이의 이름을 정(政)이라고 지었다. 중국 역사상 가장 유명한 인물 중 하나인 진시황이 탄생한 것이다. 여불위도 남몰래 기뻐했다.

정(政)이 세 살 되던 해, 진소양왕이 백기를 죽인 후 대군을 휘몰아 한단성을 포위하고 공격하자 이인 가족의 목숨은 다시 풍전등화격이 되어 버렸다. 여불위는 한단성을 지키는 장수에게 많은 뇌물을 주고 말했다.

"저는 장사 때문에 한단성에 왔다가 발이 묶이고 말았습니다. 이제 고향으로 돌아가고자 하니, 장군께서는 우리 가족으로 하여금 성문을 빠져나갈 수 있게 도와주시기 바랍니다."

그러고는 이인을 감시하는 관리를 청하여 술자리를 마련했다. 미리 기별을 받은 이인은 술을 마시는 척만 했지만, 관리는 크게 취하여 잠이 들고 말았다. 여불위는 그 관리의 수하들에게도 미리 돈을 주고 술자리를 마련해 둔지라, 이인의 가족은 어렵지 않게 여불위와 합류하여 성을 빠져나갈 수 있었다.

날이 밝을 무렵 진나라 진영에 당도한 일행은 정체를 밝히고 진소양왕을 찾아가 인사를 했다. 이미 안국군과 태후로부터 여러 번 들은 말이 있는지라, 진왕은 손자인 이인을 매우 반갑게 맞이했다. 이인 역시 극도로 존경하며 그리워한 척하는 태도를 취하여, 진왕을 기쁘게 했다. 진왕은 이인을 속히 본국으로 돌려보냈다.

안국군과 화양부인을 만나기 전에 여불위는 이인에게 말했다.

"화양부인은 초나라 출신입니다. 초나라 복장을 하고, 언제나 초나라 복장으로 어머니를 그리워했다고 말씀하십시오."

이인은 안국군과 화양부인을 만나 공손히 절한 후, 그리움에 사무친 눈물을 흘렸다. 화양부인은 이인이 언제나 초나라 복장으로 자신을 그리워했다는 말에 더욱 감격하며 기뻐했다. 조나라를 탈출하게 된 전말을 들은 안국군은 여불위에게 많은 상을 내리고, 이인에게는 자초(子楚)라는 새 이름을 지어 주었다. 여불위는 감사의 인사를 올리고 물러갔으며, 자초로 개명한 이인은 화양부인의 궁에서 머물렀다.

이후 진소양왕은 허울뿐인 천자의 나라인 주나라를 쳐서 없애 버렸다. 하루아침에 천자에서 진나라 포로가 되어 버린 주나라 왕은 얼마 못 가서 병으로 죽고 말았다.

주나라에는 중국의 아홉 주[九州]를 상징하는 아홉 개의 큰 솥이 있었는데, 진소양왕은 그 솥을 진나라 도읍으로 옮기게 한 뒤, 모든 나라에 사신을 보내 말했다.

"모든 나라는 입조(入朝)하여 조공을 바치라. 명령에 복종하지 않으면 정벌할 것이다."

그러자 한, 위, 제, 초, 조, 연나라는 모두 진나라의 침략이 두려워 그 명령에 따랐다. 진나라는 천자의 행세를 했고, 육국은 그것을 인정한 셈이나 마찬가지였다.

그리고 얼마 뒤 진소양왕이 세상을 떠났다. 왕위에 오른 지 무려 56년 만이었다. 그 뒤를 이어 세자 안국군이 왕위를 계승했고, 자초가 세자가 되었다. 그런데 안국군은 아버지의 장례를 마친 지 얼마 되지 않아 하룻밤 사이에 죽고 말았다. 진나라 신하들은 수군댔다.

"여불위가 왕을 독살한 것이 분명하다."

하지만 여불위는 이제 왕위에 오를 자초의 스승이자 은인이었다. 누구도 그런 내용을 발설하지 못했다.

드디어 여불위의 거대한 계획이 성공했다. 조나라에서 포로 생활을 하던 왕손 이인, 즉 자초가 왕위에 오른 것이다. 화양부인은 태후가 되고 조희는 왕후가 되었으며, 그 아들인 정(政)이 세자의 자리에 올랐다.

새 왕은 여불위를 승상으로 삼았을 뿐만 아니라, 문신후(文信侯)로 봉하고 낙양의 10만 호를 식읍으로 하사했다. 그는 맹상군과 평원군, 그리고 신릉군을 따라 수천 명의 선비를 초빙하여 빈객으로 양성했다. 한낱 장사꾼에 불과했던 여불위는 제후의 반열에 올랐을 뿐 아니라, 진나라 권력을 한 손에 쥔 것이다.

20.

총명한 아들, 세상을 속인 떳떳치 못한 아비를 벌하다

평원군이 세상을 떠나자 연나라는 이때가 기회라고 생각하고 조나라를 쳤다. 그러나 노장 염파는 연나라 군사를 무찔렀을 뿐 아니라, 연나라로 추격해 들어갔다. 다급해진 연왕은 조나라에서 정해준 사람을 정승으로 삼는 조건으로 화평을 했다.

이후 신릉군이 반간계에 의해 모든 벼슬을 버리고 물러나자, 조나라는 염파를 대장으로 삼아 위나라를 쳐들어갔다. 하지만 염파를 싫어하던 간신 곽개가 염파를 모함하자 왕은 새로운 장수를 보내고 염파를 소환했다. 화가 난 염파는 자신을 대신하기 위해 부임해 오는 장수를 쫓아 버리고는 위나라로 망명했다. 이 소식을 들은 연나라는 이전의 패배를 설욕하기 위해 다시 조나라를 쳤지만, 또 한 번 크게 패했다.

국위를 선양한 조나라는 이전의 합종책을 살려 제나라를 제외한 모든 나라를 설득하여 군사를 모아 진나라를 쳤으나, 지리멸렬한 연합군이 강력한 진나라를 정복하는 데 성공할 수는 없었다. 진나라 군대의 기습공격에 초나라 군대가 달아나 버리자, 나머지 나라의 군대는 제대로 한번 싸워 보지도 못한 채 돌아가고 말았다.

한편 자초는 진나라 왕위에 오른 지 3년 만에 병이 나서 눕게 되었다. 여불위는 날마다 문병을 위해 궁에 드나들면서, 여기저기에서 좋다는 약을 직접 가져다 바치는 한편, 왕후가 된 조희에게 은밀히 편지를 보냈다.

"지난날의 기약을 잊지 않고 기억하는가? 나는 그대를 잊은 적이 없다."

정욕이 넘치는 조희는 자초가 여불위보다 자기를 만족시켜 주지 못한 데다가 병까지 나 있는 상황이니, 여불위의 편지가 너무나 반가웠다. 여불위는 왕을 문병한다는 핑계로 궁에서 살다시피 하면서 조희와 자주 정을 나누었다.

그리고 얼마 지나지 않아 자초는 세상을 떠나고 말았다. 하지만 이때 여불위의 권세는 안국군이 죽었을 때와 비할 바가 아니었으니, 찍소리 한마디도 나오지 않았다. 이제 열세 살이 된 조희의 아들 정(政)이 왕위에 오르니 그가 바로 후일의 진시황이다.

어린 왕이 왕위에 오르자 나라의 모든 일은 여불위가 도맡아 처리했다. 그의 권세는 하늘을 찌를 듯했다. 여불위의 아버지가 죽었을 때 그 장례식은 이전 왕, 즉 자초의 장례식보다 호화롭고 성대했으며, 천하 모든 나라 왕들이 조문 사절단을 보내어 함양 시내가 메워질 지경이었다.

몇 년 뒤 여불위는 지난번 다섯 나라가 연합하여 진나라를 공격한 데 대한 응징으로 그 주모자인 조나라를 치게 했다. 그러고는 선발대가 떠난 지 얼마 되지 않아 후발대를 보냈는데, 진왕 정의 동생인 장안군을 대장으로 삼았다. 그의 나이는 17세에 불과했다.

문객 가운데 한 사람이 여불위에게 물었다.

"장안군은 대장으로 삼기에 너무 어리지 않습니까?"

"내 다 생각이 있으니 그대는 아무 말 마시오."

후발대를 이끌고 가던 장안군은 국경 지대에서 일단 진을 치고 군사들을 휴식시킨 뒤, 번오기라는 장군을 불러 조나라와 싸울 계획을 상의하려 했다. 그런데 번오기가 주변 사람들을 물려 달라고 청했다.

장안군이 모든 사람에게 물러가라 하자 번오기가 주변을 확인한 뒤 말했다.

"지금 왕위에 있는 정(政)은 선왕의 아드님이 아니라 여불위의 자식입니다. 여불위는 선왕께서 조나라에 인질로 계실 때, 이미 임신한 자신의 첩을 선왕께 바친 것입니다. 선왕의 아드님은 오직 대군뿐입니다. 이는 모든 진나라 사람들이 다 아는 사실입니다.

여불위가 이번 싸움에 어린 대군을 내보낸 것은 대군을 죽여 후환을 없애기 위함입니다. 여불위가 조나라를 충분히 제압할 만한 많은 군사를 보내지 않은 것은 대군께서 전쟁터에서 죽기를 원하기 때문입니다. 설사 대군께서 살아나신다 해도 패배의 책임을 물을 것입니다."

"나도 어느 정도 짐작은 하고 있었소. 그럼 어찌해야 하겠소?"

"지금 대군께서는 전국에 진실을 밝히는 격문을 돌리십시오. 그리하여 분노한 진나라 백성들과 신하들이 일어나면, 지금 거느리고 계신 군사를 몰아 그들과 힘을 합하여 정과 여불위 일당을 몰아내십시오."

이리하여 장안군과 번오기는 격문을 써서 돌리는 한편, 장정들을 뽑아 편입시켜 가면서 군사를 몰고 함양성 방향으로 향했다.

이 소식을 들은 진왕 정은 여불위와 상의한 뒤, 왕전을 대장으로 삼아 장안군을 치도록 했다. 왕전의 군사가 도착하자 장안군은 겁에 질려 벌벌 떨었다. 번오기가 말했다.

"이미 호랑이 등에 올라탄 격입니다. 우리 군사는 15만이나 되니 반드시 이길 것입니다."

그러고는 왕전의 군대를 맞아 용맹하게 싸웠다. 번오기의 용맹스러움을 본 왕전은 쉽게 이기기는 힘들 것이라 생각하고, 장안군 문하에 있던 사람에게 편지를 주어 은밀히 성으로 들여보냈다. 장안군에게 속히 항복하여 목숨을 건지라는 내용이었다.

그때 왕전에게 진왕 정이 사람을 보내 말했다.

"대왕께서는 친히 번오기의 목을 베어 분을 풀어야겠으니 그를 죽이지 말고 사로잡아 오라 하십니다."

그리하여 왕전은 군사들에게, 번오기에게 화살을 쏘지 말라고 명령했다.

다음 전투에서 번오기는 왕전의 계책에 빠져 후퇴할 수밖에 없게 되었다. 그런데 성문은 굳게 닫혀 있고, 성 위에는 항복하는 깃발이 무수히 꽂혀 있었다. 장안군과 함께 있던 사람이 번오기에게 외쳤다.

"대군께서는 이미 항복하셨다."

그는 왕전이 보낸 사람이었다.

번오기는 탄식했지만 별 도리가 없었다. 그는 죽기 살기로 혈로를 뚫고 탈출했다. 그가 생각보다 쉽게 탈출할 수 있었던 것은 진왕 정의 명령으로 왕전의 군사들이 화살을 쏠 수 없었기 때문이었다.

장안군이 잡혀 오자 태후가 된 조희가 왕에게 부탁했다.

"부디 이 어미를 보아서 동생을 죽이지만 말아 주시오."

하지만 진왕 정은 냉정한 목소리로 대답했다.

"그러면 일가친척은 역적질을 해도 좋단 말입니까?"

진왕 정은 장안군의 목을 베어 성에 걸고 그를 따른 자들은 모두 참형에 처한 뒤, 그 지방 백성들은 모두 척박한 땅으로 이주시켜 버리라고 명령했다.

여불위의 계획은 일부 성공했지만, 번오기가 장안군을 설득하여 반란을 일으킴으로써 자신과 진왕 정의 치부를 드러내는 결과를 낳기도 했다.

자초가 죽은 뒤에도 조희는 여불위를 불러 계속 정을 나누었다. 여불위는 점차 겁이 났다. 진왕 정이 날이 갈수록 영특하고 총명해졌기 때문이다.

그러던 중 노대라는 자가 잡혀 왔다. 그는 함양성에서 물건이 크기로 소문이 난 자로, 음탕한 여자들은 누구나 그와 정을 통하기를 소망했다. 그날도 노대는 자신을 유혹하는 한 여성과 정을 나누었는데, 그만 그녀의 남편에게 발각되어 잡혀 온 것이었다.

그 소식을 들은 여불위는 한 가지 계책이 떠올랐다. 여불위는 그를 처벌하지 않고 자신의 수하에 두었다. 얼마 뒤 함양성에서 커다란 축제가 있었는데, 여불위는 노대를 거기에 데리고 가서는 심부름꾼에게 지시했다.

"가서 수레바퀴를 하나 가지고 오너라."

그가 수레바퀴를 가지고 오자, 여불위는 노대를 불러 말했다.

"너의 재주를 한바탕 자랑해 보거라."

그러자 노대는 바지를 벗고 자신의 물건에 수레바퀴를 끼워 넣은 뒤 빙글빙글 돌렸다. 사람들은 신기해하며 놀라기도 하고, 깔깔거리며 웃기도 했다.

여불위의 계획대로 소문은 태후의 귀에도 들어갔다. 태후가 여불위에게 물었다.

"승상께서는 아주 특이한 재주를 가진 사람을 데리고 계시다면서요?"

"소문을 들으셨습니까? 한번 만나 보시겠습니까?"

"외간 남자가 어떻게 내궁에 들어올 수 있단 말입니까?"

"그건 염려 마십시오. 제게 좋은 생각이 있습니다."

여불위는 사람을 시켜 여태까지 노대가 저지른 죄들을 전부 들추어 고발하도록 한 뒤, 판결을 내렸다.

"저놈이 우리 진나라의 여인들을 망치는구나. 저놈을 거세하도록 하라."

여불위에게 미리 돈을 받은 관리는 노대를 끌고 갔다. 그리고 다음 날 노대의 물건이 대로변에 전시되었다. 하지만 그것은 노대가 아닌 당나귀의 것이었다. 노대는 이런 연극을 통해 내궁의 내시로 들어가서 태후를 모시게 되었다. 태후는 매우 만족했고, 여불위는

180

드디어 자유의 몸이 되었다.

얼마 지나지 않아 태후는 아이를 가졌다. 이제 배가 불러 오기 시작하면 꼼짝없이 들킬 판이었다. 태후는 한 가지 계책을 생각해 냈다. 그는 점쟁이 하나를 불러 많은 돈을 준 뒤, 이런 소문이 왕의 귀에 들어가도록 했다.

"왕궁에 좋지 못한 기운이 있어 태후에게 병이 났으니 태후께서는 서쪽 200리 밖으로 나가셔야 병이 나을 것입니다."

진왕 정은 태후에게 옛 도읍인 옹주에 가서 지낼 것을 권했다. 노대를 데리고 옹주로 간 태후는 더 이상 거칠 것이 없었다. 그녀는 노대와 마음껏 사랑을 나누는 동안 아들을 둘이나 낳았다.

태후는 진왕에게 사람을 보내 청했다.

"노대의 헌신적인 보살핌 덕분에 건강도 좋아지고 잘 지내고 있습니다. 그에게 상을 내려 주기 바랍니다."

진왕은 노대를 장신후에 봉하고 많은 땅을 하사했다. 노대에게 아첨하는 무리들도 많아져 여불위 못지않은 권력을 가지게 되었다.

그러던 중 진왕 정이 문안차 옹주로 행차한다는 기별이 왔다. 조희와 노대는 두 아들을 깊숙이 숨겨 두고 왕을 영접했다. 오랜만에 어머니를 뵌 왕은 잔치를 베풀어 모든 신하들이 함께 즐기도록 했다.

잔치가 계속되는 동안 노대는 신하들과 도박을 했다. 그런데 그날은 어쩐 일인지 노대가 연신 잃기만 했다. 술도 취한 터라 노대는 화가 나서 억지를 부리다가 대부 한 사람과 말다툼을 하게 되었다. 기분이 상한 노대가 그 대부에게 소리를 질렀다.

"이놈이 어느 안전이라고 대드느냐? 나는 왕의 아버지뻘 되는 사람이다."

이런 말까지 나오자 그 대부는 대답도 못하고 나왔다. 마침 진왕 정이 그가 기가 막혀 붉으락푸르락하면서 투덜거리는 모습을 보고는, 뭔가 이상한 낌새를 채고 그를 불렀다.

"무슨 일이 있었는지 숨김없이 고하도록 하라."

총명하기 그지없는 왕의 추상같은 질문에 그는 벌벌 떨면서 자초지종을 모두 밝혔다. 노대가 거세당했다는 것은 거짓이며, 노대와 태후 사이에 아들이 둘이나 있다는 것, 그리고 노대와 태후가 그 아이들을 왕으로 만들기 위해 계책을 세우고 있다는 것까지 낱낱이 고했다.

진왕 정은 분노가 치밀었지만, 침착하게 신하 한 사람을 불러 조용히 군대를 이끌고 오라고 명령했다. 진왕 정은 은밀하게 일을 처리했지만 그곳은 태후와 노대의 궁전이었다. 그 소식은 즉시 노대에게 전해졌다. 깜짝 놀란 노대가 태후에게 말했다.

"할 수 없습니다. 이제 모든 병사는 물론 동원할 수 있는 모든 사람들을 긁어모아서 먼저 진왕을 공격해야 합니다."

노대는 진왕이 있는 궁전을 포위했다. 그러자 진왕 정이 대 위에 올라가 외쳤다.

"노대는 반역을 꾀하는 역적이다. 신분에 상관없이 저 역적 노대를 사로잡아 바치는 자에게는 100만 전을 줄 것이고, 그를 죽이는 자에게는 50만 전을 줄 것이다."

그러자 아무것도 모른 채 노대를 따라온 사람들이 상당수 돌아서서 도리어 노대를 잡으려 했고, 진왕을 모시고 있던 내시들까지 목숨을 걸고 달려들었다. 노대는 할 수 없이 달아나다가, 진왕의 부름을 받고 달려오던 진군에 의해 사로잡혔다.

반란을 진압한 진왕 정은 궁중을 수색하라 명했다. 그리하여 두 아이를 찾아내자 포대에 담은 뒤 그 자리에서 손수 쳐서 죽였다. 진왕 정은 노대를 죽이라 명한 뒤, 태후는 작은 궁에 거하도록 한 채 군사들을 시켜 엄중히 지키게 했다.

진왕 정은 함양으로 돌아갔지만, 여불위는 겁이 나서 병이 들었다고 핑계를 대고 집에 틀어박혔다. 진왕 정은 여불위를 죽이고자 했지만 많은 신하들이 반대했다.

"승상께서는 선대부터 커다란 공을 세우신 분입니다. 승상이 아니 계셨다면 어찌 오늘날의 진나라가 있을 수 있었겠습니까?"

진왕 정은 한 발 물러서 여불위를 일단 승상의 지위에서 물러나도록 했다.

얼마 뒤 진왕 정은 신하들의 목숨을 건 간곡한 간언에 의해 태후를 다시 함양성으로 모시고 왔다. 태후가 함양에서 거하게 되자, 그간의 모든 사정을 알고 있는 진왕 정은 여불위가 거슬렸다.

"여불위는 함양성을 떠나 하남 땅에서 근신하도록 하라."

여불위가 하남 땅에 거하자 여러 나라에서 사신을 보내 여불위를 모셔 가고자 했다. 이 소식을 들은 진왕 정은 편지를 써서 여불위에게 전하도록 했다.

"그대는 무슨 공로가 있기에 하남 낙양의 10만 호를 식읍으로 받고 있는가? 그대는 진나라와 무슨 관계가 있다고 상보(尚父)라고 일컫는가? 하남 땅에 쫓겨나서도 다른 나라와 연락을 취하는 것이

목숨을 살려 준 데 대한 보답인가? 가족을 데리고 촉(蜀) 땅에 가서 일생을 마치도록 하라."

편지를 읽은 여불위는 하늘을 보며 길게 탄식한 후, 독주를 마시고 자살했다.

21.

천하통일의 대업을 시작하다

여불위를 죽인 후 진왕 정은 여불위의 문객들과 유세하는 다른 나라 출신의 선비들을 모두 국외로 추방하라고 명령했다. 이때 초나라 출신으로 여불위 문하에 있던 순자의 제자 이사(李斯)는 진왕 정에게 표를 올려 말했다.

"태산이 높은 것은 흙 한 줌도 거부하지 않기 때문이고, 바다가 깊은 것은 작은 시냇물까지도 모두 받아들이기 때문입니다. 선왕들이 백리해, 장의, 상앙과 같은 인재를 등용했기에 진나라는 천하에서 가장 강한 국가가 되었습니다. 하지만 그들은 모두 다른 나라 출신이 아니었습니까? 이제 다른 나라의 선비들을 모두 추방한다면 진나라는 인재를 구할 수 없을 것이요, 그 인재들이 다른 나라에 가서 활약한다면 진나라에 오히려 큰 해가 될 것입니다."

진왕 정은 이사의 논리정연한 말에 감동하여, 그를 불러들여 높은 벼슬을 주었다. 이사가 진왕 정에게 말했다.

"우리 진나라는 진목공 이후로 여러 대에 걸쳐 천하를 도모했습니다. 이제 진나라의 막강함은 육국을 합병하여 천하를 통일하기에 조금도 부족함이 없습니다. 이 기회를 놓쳐 육국이 다시 합종한다면, 땅을 치고 후회할 것입니다."

"과인의 뜻과 같소. 그렇다면 어떤 순서로 해야겠소?"

"한나라는 진나라에서 가장 가깝고 약한 나라이니 한나라부터 쳐서 없애야 합니다."

진왕은 이사의 계책에 따라 대군을 보내 한나라를 쳤다. 한왕과 신하들은 두려워서 어쩔 줄을 몰랐다. 이때 한나라에 이사와 함께 순자의 문하에서 수학한 한비라는 인물이 있었다. 오기, 상앙과 같은 법가 사상가인 한비는 수십만 언에 이르는 저서를 남겼는데, 일찍이 진왕 정은 한비의 저서를 읽고 그를 몹시 존경하여, "이 사람을 한번 만나 볼 수 있다면 죽어도 여한이 없겠다."라고 말할 정도였다.

달리 방법이 없는 한나라에서는 화평의 사절로 한비를 진나라에 보내기로 했다. 진왕 정은 매우 기쁜 마음으로 한비를 만나 보고 그를 중용할 생각이었다. 그러자 한비의 재주가 자신보다 뛰어남을 시기한 이사가 왕에게 말했다.

"그는 한나라의 왕족으로, 한나라가 함락 위기에 처하자 한왕의 명을 받아 온 것입니다. 그를 등용하면 한나라를 위해 우리나라에 해가 되는 정책을 쓸 것입니다."

"그러면 그를 어찌 처리해야 하겠소?"

"한비는 뛰어난 재주를 가진 사람입니다. 우리나라에서 쓰지 못할 바에는 차라리 죽여서 후환을 없애는 것이 좋습니다."

진왕 정은 일단 한비를 감금하라 명했다. 자신의 운명을 짐작한 한비는 옥중에서 목을 매어 자결하고 말았다. 이 소식을 들은 한왕 은 한나라 땅을 모두 바치고 항복했다.

진왕 정은 그 다음으로 조나라를 치고자 했지만, 노장 염파가 두 려워 간첩을 통해 많은 뇌물을 주고 간신 곽개를 포섭했다. 그는 지 난날 염파가 위나라를 칠 때도 염파를 모함하여 위나라로 망명하게 한 장본인이었다.

진나라의 움직임이 심상치 않자 조나라의 모든 신하들이 말했다.

"진나라 군사를 막을 수 있는 것은 명장 염파 장군뿐입니다. 위 나라에서 망명 생활을 하고 있는 염파를 소환해야 합니다."

그러자 곽개가 나서서 말했다.

"염파는 이미 늙었습니다. 왕께서는 사람을 보내어 그가 여전히 진나라 군대를 막을 만한지 살펴본 뒤에 결정하도록 하십시오."

조왕은 곽개의 말에 따라 염파에게 사람을 보내 보기로 했다. 그 러자 곽개는 그 사람을 비밀히 불러 뇌물을 준 뒤 말했다.

"혹시 염파가 아직 건강하더라도, 왕께는 너무 늙어서 싸울 수 없다고 말해 주시오."

조왕의 사자는 위나라에 있는 염파를 찾아갔다. 염파는 단번에 상황을 판단했다. 그는 조왕의 사자와 머무는 동안 식사 때마다 밥 한 말과 고기 열 근을 먹었다. 또한 말에 올라 나는 듯이 달리며 온 갖 무예를 선보이고, 가볍게 뛰어내리는 모습을 보였다. 그러고는 말했다.

"나는 아직 얼마든지 싸울 수 있소. 나는 조나라를 위해 여생을 바치고 싶소."

하지만 곽개에게 뇌물을 받은 사자는 조왕에게 가서 염파가 병들어 쓸모없다고 말해 버렸다. 결국 염파는 그리던 조국으로 돌아가지 못했고, 얼마 안 있어 타국에서 쓸쓸하게 세상을 떠나고 말았다.

드디어 진나라는 조나라를 총공격했다. 조왕은 두려운 나머지 병이 나서 죽어 버렸다. 뒤를 이어 왕위에 오른 세자는 대(代) 땅 태수인 이목이 훌륭한 장수임을 알고 있었으므로, 그를 소환해서 원수로 삼았다. 이목은 염파와 같은 전술을 써서 진나라 군대를 물리쳤다.

화가 난 진왕 정은 명장 왕전을 대장으로 삼아 다시 조나라를 공격했다. 조나라에서는 이목이 군사를 이끌고 나와 상대했다. 그러자 진나라에서는 다시 간신 곽개를 통해 반간계를 썼다. 이제는 조나라 정승의 자리에 오른 곽개가 조왕에게 말했다.

"이목이 진나라 군대와 내통한다고 합니다."

조왕은 곽개의 말을 듣고는 다른 장수를 보낸 뒤, 이목을 소환했다. 전후 사정을 눈치챈 이목은 위나라를 향해 도망가다가, 여관에서 잠을 자던 중 명령을 받고 추격해 온 조나라 자객들에게 살해되고 말았다.

진나라 장수 왕전은 새로 온 장수가 이끄는 조나라 군대를 여지없이 격파했다. 곽개가 조왕에게 말했다.

"성문을 열고 항복해야 왕께서는 진나라 제후의 자리라도 얻을 수 있을 것입니다."

조왕이 항복하려 하자 조왕의 이복형인 공자 가가 극구 반대했다. 그는 직접 칼을 들고 곽개에게 겁을 준 뒤, 장수들과 자신의 문객들을 독려하며 한단성을 지켰다. 곽개는 진나라 진영으로 비밀 편지를 보내 사정을 설명한 뒤 말했다.

"조나라의 항복을 받으시려면 진왕께서 직접 오셔야 할 듯합니다."

진왕 정은 친히 군사를 이끌고 와서 공격을 독려했다. 진왕이 직접 왔다는 소식에 조왕은 사시나무 떨듯 했다. 곽개가 다시 말했다.

"진왕이 직접 온 이상 항복을 받기 전에는 돌아가지 않을 것입니다. 공자 가 몰래 성을 빠져나가서라도 항복하셔야 합니다."

조왕은 화씨의 옥을 가지고 몰래 성 밖으로 나가 진왕 정에게 항복했다. 그 소식을 들은 공자 가는 훗날을 도모하기 위해 대 땅으로 도망가 조나라를 되찾을 것을 다짐했다. 진왕은 화씨의 옥을 어루만지며 매우 기뻐했다. 그러고는 조왕을 외딴 지방에 구금하라 분부했다. 초라한 장소에 구금된 조왕은 얼마 지나지 않아 병이 나서 죽고 말았다.

한편 진왕은 곽개에게 높은 벼슬을 내렸다. 곽개는 진왕 정을 따라 진나라로 갔는데, 모아 둔 황금이 너무 많아 다 가지고 가지 못하고 한단에 있는 집 마당에 묻어 두었다. 걱정이 된 곽개는 진왕에게 말미를 얻어 한단에 가서 금을 싣고 다시 함양으로 돌아가다가 도적 떼를 만나 죽음을 당하고 말았다. 사람들은 그들이 사실은 도적이 아니라 억울하게 죽은 장수 이목의 문인들이라고 했다.

22.

역사상 최고 권력의 군왕을 노린 최고의 자객

지난날 진나라는 조나라를 치기 위해 여러 번 군사를 보냈으나 번번이 패했다. 진왕 정이 조나라를 칠 계책을 묻자, 신하 하나가 계책을 내놓았다. 그는 연나라에 가서 연왕에게 말했다.

"연나라에서 세자 단을 우리 진나라에 볼모로 보내면 진나라에서는 대신 한 사람을 보낼 것이니, 그를 정승으로 삼으십시오. 그러면 두 나라는 인질을 교환한 셈이니 힘을 합해 조나라를 무찌를 수 있을 것입니다."

여러 번 조나라에 패한 적이 있는 연왕은 이 말을 믿고 세자 단을 진나라에 인질로 보냈다. 조나라는 진과 연이 합의했다는 소식을 듣고 불안해하고 있는데, 진나라의 사신이 와서 조왕에게 전혀 다른 말을 했다.

"진나라가 연나라와 손을 잡은 이유는 조나라를 쳐서 영토를 넓히기 위함입니다. 그러니 왕께서는 먼저 진나라에 성 다섯을 바치십시오. 그러면 진나라는 연나라와의 우호를 끊을 것이고, 조나라가 연나라를 쳐서 훨씬 넓은 땅을 얻을 수 있을 것입니다.”

조나라는 진나라에 성 다섯을 바쳤다. 진왕 정은 좋은 계책으로 성 다섯을 얻었다고 기뻐하며 연나라와의 약속을 헌신짝처럼 버렸다. 조나라는 연나라를 쳐들어가 성 30개를 빼앗았다. 그리고 그중 11개를 다시 진나라에 바쳤다.

상황이 이렇게 되자, 진나라에 인질로 간 세자 단은 눈앞이 캄캄해졌다. 그는 진왕이 주변 국가를 정벌하는 틈을 타서 종으로 변장한 채 함양성을 빠져나가서는, 낮에는 숨고 밤에는 걸어 천신만고 끝에 연나라에 도착했다.

구사일생으로 연나라에 도착한 세자는 진나라에 이를 갈았다. 하지만 아무리 생각해도 연나라의 국력으로 진나라와 싸워 이길 수는 없었다. 설사 만에 하나 그럴 수 있다 해도, 그것은 수백 년이 걸릴지 수천 년이 걸릴지 모르는 일이었다. 세자 단은 다른 방법을 생각해 냈다.

그는 많은 돈을 들여 용감한 무사들을 모았다. 백주 대로에서 원수를 만나자 단칼에 찔러 죽인 진무양이란 자가 있었는데, 그는 불과 열세 살이었다. 세자 단은 관리에게 끌려가는 진무양을 데려다가 자기 문하에 두었다. 그 외에도 몇 사람의 이름난 용사들이 찾아와 문하에 머물렀다.

또한 지난날 진나라에서 진왕 정의 동생인 장안군을 모시고 진왕 정을 무찌르려다가 실패한 번오기도 세자 단의 소문을 듣고 찾아갔다. 세자 단은 번오기를 극진히 대접했다.

세자 단은 전광 선생이라는 현자에게 문하의 무사들을 보여주고 평가를 부탁했다. 전광 선생이 말했다.

"저들은 감정에 따라 얼굴빛이 쉽게 바뀝니다. 얼굴에 감정을 드러내는 사람은 큰일을 못합니다. 제가 아는 사람 중에 형가라는 분이 있는데, 뛰어난 용맹과 무술을 갖추었을 뿐 아니라 감정을 절대로 드러내지 않습니다. 형가는 고점리라는 축을 잘 연주하는 사람과 아주 친합니다. 둘이 술을 마시다가 취하면 고점리는 연주하고 형가는 노래를 부르는데, 구경꾼이 아무리 많아도 아무도 없는 듯 행동합니다."

세자 단은 전광 선생에게 수레를 내어 드리고, 형가를 불러 달라고 청하면서 말했다.

"이 일은 천하의 대사이니 다른 사람에게는 비밀로 해 주십시오."

전광 선생이 형가가 있는 곳에 들어가서 형가에게 말했다.

"그대는 항상 자신을 알아주는 사람이 없음을 탄식하지 않았는가? 이제 세자께서 인물을 구하시기에 내 그대를 천거했네. 한번 가보는 것이 어떻겠나?"

"선생께서 말씀하시는데 제가 어찌 거절하겠습니까?"

"세자께서는 이 일이 누설될까 걱정하고 계시네. 세자께 가거든 내 입은 걱정할 필요 없다고 전해 주게."

전광 선생은 말을 마치고는 칼을 뽑아 스스로 목을 찌르고 죽었다. 형가는 세자에게 가서 인사하고는 전광 선생의 죽음을 전했다. 세자는 통곡하며 슬퍼했다. 울음을 멈추자 세자는 형가에게 무릎을 꿇고 절을 했다. 형가는 깜짝 놀라 일어나 답례한 뒤 물었다.

"진나라와 싸워 이길 수는 없습니다. 무슨 좋은 계책이라도 있습니까?"

"나는 천하의 용사를 얻어 진왕을 없앨 생각이오. 진왕이 죽고 진나라가 혼란에 빠지면 한나라와 조나라를 독립시킨 뒤, 모든 나라와 손을 잡고 진나라를 칠 것이오."

형가는 자신이 그런 큰일을 감당할 인물이 못 된다며 사양했다. 하지만 세자는 몇 번이고 지성으로 간청했고, 형가는 결국 허락하고 말았다.

이후 세자는 형가가 계획을 세우기 기다리며 극진하게 대접했다. 음식과 의복, 여자 등 모든 면에서 오직 자신의 정성이 부족할까 염려했다.

어느 날 형가가 연못가에 있는 거북이에게 돌을 집어 던지자, 세자의 지시를 받은 시종이 얼른 탄환을 가져와서는 말했다.

"이것으로 던지십시오."

형가가 세자와 말 타기를 한 후 "말의 간이 아주 맛있다고 하더군요."라고 말하자, 세자는 자신의 말을 잡아 그 간을 은쟁반에 담아 바쳤다. 세자의 말은 천금을 주고도 사기 힘들다는 천리마였다.

또 한번은 술좌석에서 거문고를 타는 여인의 고운 손을 보고 형가가 "손이 정말 아름답군요."라고 말하자, 세자 단은 내시를 시켜 비단 덮개를 씌운 은쟁반을 형가에게 보냈다. 형가가 벗겨 보니 바로 그 여인의 손이었다.

형가는 세자의 정성에 감격했다. 세자는 정성을 다하기만 할 뿐,

절대로 형가를 재촉하지 않았다. 그러던 중 진나라 군대가 연나라로 쳐들어온 일이 있었다. 그러자 세자가 형가에게 말했다.

"선생께서 좋은 계책을 세우시겠습니다만, 저로서는 혹시라도 시기를 놓치지나 않을까 염려스럽습니다."

"저에게는 이미 계책이 섰습니다. 진왕의 경비는 몹시 삼엄한지라 그에게 가까이 가려면 보통 물건으로는 어림도 없습니다. 진나라가 전부터 욕심내던 연나라 땅의 지도와 진왕이 철천지원수로 여기고 있는 번오기의 목 정도는 있어야 합니다. 이 두 가지를 가지고 가야 진왕에게 접근할 수 있습니다.

그 다음으로는 저를 따라 부사(副使)로 갈 사람이 필요합니다. 검술에도 능하고 어떤 경우에도 당황하거나 얼굴 표정이 변하지 않는 사람이어야 합니다. 제 친구 중에 개섭이라는 사람이 있는데 지금 제가 수소문 중입니다.

마지막으로 한 번 찔러서 끝을 낼 수 있는 좋은 칼이 필요합니다. 세자께서는 이것을 구해 주시기 바랍니다."

세자는 곤혹스러운 표정을 지으면서 말했다.

"잘 알겠습니다. 그런데 지도를 내드리는 것은 어렵지 않으나, 번오기 장군은 내게 의지하고 있는 사람인데 어찌 믿음을 저버릴 수 있겠습니까?"

형가는 세자가 번오기를 절대로 죽이지 않을 것이라 생각하고, 직접 그를 찾아가서 말했다.

"여불위의 아들인 진왕 정은 진나라를 바로잡고자 한 충신인 장군의 가족을 몰살하고, 장군의 목에 천금과 1만 호의 봉읍을 현상

금으로 걸었습니다. 장군의 원한은 뼈에 사무칠 것입니다. 제게는
진왕을 죽일 계책이 이미 서 있습니다. 그렇게 되면 장군의 원수도
갚을 수 있을 것입니다. 그런데 한 가지 필요한 것이 있어서 상의를
드리러 왔습니다."

"그게 무엇입니까?"

"진왕에게 다가가는 것은 여간 어려운 일이 아닙니다. 세자께서
는 연나라 땅의 지도를 내놓겠다고 하셨지만, 그것만으로는 충분하
지 않습니다. 진왕이 이를 갈고 있는 장군의 목을 가지고 가면, 진
왕은 분명 저를 가까이 불러들일 것입니다. 그때 저는 진왕의 옷소
매를 잡고 칼로 가슴을 찔러 진왕을 죽일 것입니다."

설명을 들은 번오기는 뛸 듯이 기뻐하면서 말했다.

"선생의 말씀을 들으니 백년 묵은 체증이 풀리는 듯합니다. 오신
김에 가지고 가시지요."

그러고는 스스로 칼을 뽑아 자신의 목을 찔렀다. 형가는 그 목을
잘라 세자에게 들고 갔다. 세자는 전광 선생이 죽었을 때처럼 슬프
게 울었다.

형가는 계속해서 자신의 친구인 개섭의 소재를 수소문했다. 그러
던 중 진나라 군의 위협이 시시각각 거세지자, 세자가 형가에게 말
했다.

"진나라의 위협은 촌각을 다투고 있습니다. 선생께서 말씀하신
개섭이라는 분을 언제나 찾을 수 있을지 모르겠습니다. 말씀하신
좋은 칼은 이미 구해 두었으니 제 문하에 있는 진무양이라는 용사
를 부사로 데리고 떠나시면 어떻겠습니까?"

"이 길은 한번 가면 돌아오지 못하는 길이라 만전지책을 꾀한 것뿐입니다. 세자의 뜻이 그러하시다면 그를 데리고 즉시 떠나도록 하겠습니다."

형가는 진무양을 데리고 모든 준비물을 챙긴 후 역수(易水) 가로 나갔다. 세자가 배웅을 나왔고, 고점리 역시 형가를 전송하기 위해 축을 가지고 나왔다. 세자가 준비한 술을 몇 잔 마신 후, 형가는 고점리의 반주에 맞추어 노래를 불렀다.

"바람은 쓸쓸하고, 역수의 물은 차구나. 장사는 한번 떠나면 다시 돌아오지 않을 것이다!"

슬픈 가락과 내용에 모두가 흐느껴 울었다. 노래는 계속 이어졌다.

"호랑이의 굴을 찾다가, 이무기의 궁에 들어가는구나. 하늘을 우러러 기운을 토하니, 흰 무지개가 생겨나도다."

그러자 장엄하고 웅장한 가락과 내용에 모두가 비장한 표정이 되었다. 이윽고 형가는 세자가 주는 술 한 잔을 단숨에 들이켜고는 뒤도 돌아보지 않고 떠나갔다.

형가는 진나라에 가서 대신 한 사람에게 많은 뇌물을 주고 진왕에게 잘 얘기해 달라고 부탁했다. 연나라의 사신이 항복의 표시로 연나라 지도와 번오기의 목을 가지고 왔다는 소식을 들은 진왕 정은 매우 기뻐하며 그들을 만나 보겠다고 했다.

형가는 번오기의 머리가 들어 있는 상자를, 진무양은 연나라 지도를 들고 함양궁에 들어갔다. 진왕에게 가기 위해 계단을 오르려 하는데, 진무양이 갑자기 얼굴빛이 하얗게 질린 채 사시나무처럼 떨었다. 진나라 대신 중 한 사람이 물었다.

"부사(副使)의 얼굴빛이 갑자기 변하고 저렇듯 떠니 어쩐 일이오?"

"북방 오랑캐 나라의 신하가 천자를 뵈옵게 되니 어찌 두렵고 떨리지 않겠습니까?"

"여기에서 잠시 기다리시오."

그는 진왕 정에게 보고한 뒤 다시 내려와서 말했다.

"정사(正使)만 오르라는 분부시오."

형가는 조금도 당황하지 않고 상자를 가지고 올라갔다. 옆에 있는 신하에게 상자를 받아 와 열어 보게 한 뒤 번오기의 목을 확인한 진왕은, 번오기의 목을 잘라 오게 된 경위를 형가에게 묻고는 매우 기뻐하며 말했다.

"연나라 지도를 가지고 와서 내게 설명해 보라."

형가가 진무양에게 가서 지도를 가지고 돌아와 진왕 앞에서 허리를 굽혀 펼치는 순간, 형가의 가슴에 감추어 둔 비수의 자루가 조금 삐져나왔다. 진왕은 깜짝 놀랐고, 이를 눈치챈 형가는 번개처럼 칼을 뽑고 진왕의 옷소매를 잡아 끌어당겼다.

약간의 차질에도 진왕의 옷소매를 잡으려는 형가의 계획은 성공했다. 그런데 왕은 끌려오지 않고 옷소매만 찢겨 나갔다. 날씨가 더운 때라 진왕이 얇은 옷을 입고 있었기 때문이다. 갑자기 진왕은 도망가고 형가는 추격하는 상황이 연출되었다. 정전(正殿) 아래에는 무장한 호위병들이 있었지만, 진나라 국법에는 왕의 명령이 없는 한 누구도 칼을 가지고 정전에 오를 수 없게 되어 있었다. 그들은 죽음이 두려워 왕의 명령만을 기다리고 있었고, 진왕은 형가를 피하느라 명령을 내릴 겨를이 없는 상황이었던 것이다.

형가가 진왕을 거의 따라잡을 무렵, 진왕을 모시는 의원이 약 봉지를 형가에게 던졌다. 형가는 팔을 휘둘러 그것을 막았지만, 그 찰나의 순간 진왕은 평소 차고 있던 장검을 뽑으려 했다. 그런데 칼이 길어 잘 빠지지 않았다.

이 상황을 지켜보고 있던 내시 조고가 외쳤다.

"칼을 등에 짊어지고 뽑으십시오!"

진왕이 퍼뜩 깨닫고 조고의 충고에 따르자, 드디어 칼이 칼집에서 나왔다. 체격도 크고 검술에도 능한 진왕은 아주 긴 보검을 가졌고, 검술에 능하다 하나 형가는 단검을 가졌을 뿐이었다. 형가는 결국 다리에 부상을 입고 넘어지고 말았다.

형가는 크게 웃으며 진왕의 칼에 죽어 갔다. 진무양 또한 무사들의 칼에 난도질을 당해 죽고 말았다.

그날 밤 진왕 정은 놀란 가슴을 진정시키기 위해 호희(胡姬)로 하여금 거문고를 연주하게 했다. 그녀는 거문고 타는 솜씨가 좋아 진왕에게 총애를 받고 있던 터였다. 호희는 그날 밤 진왕의 아이를 가졌다. 10개월 후에 태어난 그 아이는 후에 진왕의 뒤를 이어 2세 황제가 되는 호해(胡亥)이다.

진왕 정은 대군을 보내어 연나라를 쳐, 얼마 안 되어 연나라 도읍을 점령했다. 연왕은 압록강을 건너 도망갔지만, 진왕 정은 그들을 끝까지 쫓아가서 잡아 오라 명했다. 겁이 난 연왕은 세자의 목을 바치고 사과했지만, 진왕은 당연히 용서하지 않았다. 그의 목표는 천하통일이었던 것이다.

23.

통일을 완성하고 스스로 황제라 칭하다

진나라 군대가 연왕을 추격하던 중, 여름인데도 갑자기 큰 눈이 내렸다. 군사들의 고생이 막심한 데다 병자까지 속출한다는 보고를 받은 진왕은 일단 귀환을 명령했다. 그리고 다시 다른 장수에게 대군을 주어 위나라를 쳐서 없애도록 했다.

위왕은 즉시 제나라에 사신을 보내 말했다.

"위나라와 제나라는 입술과 이 같은 사이입니다. 위나라가 망하면 그 다음은 제나라 차례입니다. 힘을 합쳐서 진나라 군대를 물리칠 수 있도록 해 주십시오."

하지만 오래전부터 진나라의 뇌물을 받아 온 제나라 정승이 극력 반대하여 제왕은 위나라의 청을 거절해 버렸다. 진나라 군대는 머지않아 위나라 도읍 대량성을 정복했고, 포로가 된 위왕은 압송되어 가는 도중 화병으로 죽었다.

진왕 정은 그 다음으로 초나라를 치기로 했다. 그는 여러 장군들이 모인 자리에서 물었다.

"초나라를 치려면 군사가 얼마나 필요하겠소?"

역전의 명장 왕전이 대답했다.

"60만은 있어야 합니다."

그러자 이신이라는 장수가 또 대답했다.

"60만까지는 필요 없습니다. 20만 명이면 충분합니다."

진왕은 노장 왕전이 늙어서 겁이 많아진 것이라 생각하고는, 이신에게 20만 병력을 주어 초나라를 치라고 명령했다. 하지만 초나라에는 후에 진나라를 멸망시키는 주역인 항우의 할아버지인 항연이라는 명장이 있었다. 진나라 군대는 항연에 의해 여지없이 패하고 만다.

이에 진왕 정은 왕전을 불러 60만 군대를 내줄 테니 초나라를 무찔러 달라고 부탁했다. 왕전이 진왕에게 말했다.

"싸움에 나가기 전에 폐하에게 청이 하나 있습니다."

"말해 보시오."

"제가 이기고 돌아오면 편히 노후를 보낼 수 있도록 좋은 주택과 영지를 내려 주시기 바랍니다."

"장군이 공을 세우면 내 장군과 부귀영화를 함께할 것인데, 어찌 그런 쓸데없는 걱정을 하시오? 아무 염려 말고 다녀오시오."

"저는 이미 늙었으니 노후를 생각하지 않을 수 없습니다. 바라건대 대왕께서는 약속을 문서로 남겨 확인해 주시기 바랍니다."

진왕은 다소 의아하게 생각하면서도 왕전의 청을 들어주었다.

그런데 왕전은 초나라로 가면서 뿐만 아니라 초군과 대치하고 있는 상황에서도 몇 차례고 사람을 보내어 더 많은 땅과 재물을 요구했다. 부하 장수 하나가 왕전에게 말했다.

"대왕께 너무 많은 요구를 하시니 지나치신 듯합니다."

"나는 진나라의 모든 병력을 이끌고 있다. 왕께서는 마음 한편으로 내가 만약 반역이라도 하는 날에는 어찌할 것인가 걱정하실 것이다. 그러므로 내가 재물이나 탐하는 늙은 장수임을 보여드려야 왕께서 안심하시지 않겠는가?"

이 애기를 들은 모든 장수들은 머리를 끄덕이며 감탄해 마지않았다.

왕전은 항연의 부대를 맞아 뛰어난 전술로 대승을 거두고 초왕을 사로잡았다. 항연은 다른 지방으로 옮겨 초왕의 동생을 새로 왕으로 모시고 항전했지만, 새 왕마저 왕전의 군대가 쏜 화살에 맞아 죽자, 스스로 목숨을 끊고 말았다. 왕전은 옛 월나라 땅까지 진군하여 접수한 뒤, 함양으로 개선했다. 그 후 그는 진왕에게 많은 재물을 받아 편안하게 노후를 마쳤다.

진왕 정은 다시 군대를 보내어 도망친 연나라 왕을 사로잡고, 대(代) 땅에서 조나라의 수복을 꿈꾸던 공자 가를 사로잡았으나, 그는 스스로 목숨을 끊고 말았다.

진왕 정은 마지막으로 제나라를 정벌할 것을 명령했다. 진나라는 오랫동안 제나라 정승을 뇌물로 매수했을 뿐 아니라, 제나라 사자가 오면 극진히 대접하고 많은 재물을 주어 돌려보냈다. 어리석은 제왕은 진나라가 제나라를 맹방으로 여긴다 생각하고 전혀 국방에 힘쓰지 않았다.

진왕 정의 분부를 받은 진나라 군대는 무인지경을 달려 두 달 만에 피 한 방울 묻히지 않고 제나라를 정복했다. 진왕 정은 뇌물을 받고 제나라를 망친 정승을 참형에 처하고, 제왕에게는 작은 초가집 한 채만을 내주었다. 제왕은 그곳에서 굶어 죽고 말았다.

천하를 통일한 진왕 정은 천하를 통일한 왕의 명칭을 삼황오제(三皇五帝)의 줄임말인 황제라 부르기로 했다. 또한 진나라는 영원히 대를 이어 계속될 것이며 그것이 자신에게서 시작했다는 뜻으로 스스로를 시황제라 부르라고 명령했다. 그리고 뛰어난 기술자를 시켜 화씨의 옥으로 국새를 만들었는데, 그 옥새에는 "하늘로부터 명을 받았으니, 영원토록 번영할 것이다(受命於天 旣壽永昌)."라고 새겨 넣었다.

진시황은 천하를 어떻게 다스릴 것인지 신하들에게 물었다. 많은 신하들은 진나라 수도인 함양에서 너무 먼 곳은 직접 다스릴 수 없으니 전처럼 왕을 두어 다스려야 한다고 대답했다. 그러자 이사가 극구 반대하며 말했다.

"주나라가 망한 것은 주 왕실의 자손인 제후들이 땅을 넓히기 위해 서로 싸운 까닭입니다. 주나라의 전철을 밟아서는 안 됩니다. 천하를 군과 현으로 나누어 중앙에서 직접 관리를 파견해 다스려야 합니다. 신하로서 공로가 큰 자에게는 많은 녹을 내릴지언정 한 치의 땅도 주어서는 안 됩니다. 그래야 전쟁이 없어지고 우리 진나라가 번영할 수 있습니다."

이리하여 진시황은 이사의 뜻에 따라 강력한 중앙집권제를 실시했다. 그리고 천하의 무기를 회수하여 커다란 동상을 만들었으며,

도량형과 화폐, 그리고 수레바퀴의 축을 통일하는 개혁을 단행했다. 이제 천하는 통일되어 하나의 나라가 된 것이다.

13세에 왕위에 오른 진왕 정이 22세에 성인식을 치르고 실권을 잡은 뒤, 17년 만에 천하를 통일한 것이다.

반나절 만에 읽는
재미있는 교양 역사 이야기 2

1판 1쇄 인쇄 2018년 4월 15일
1판 1쇄 발행 2018년 4월 20일

지은이 김민철
발행인 전춘호
발행처 철학과현실사

등록번호 제1-583호
등록일 1987년 12월 15일

서울특별시 종로구 동숭동 1-45
전화번호 579-5908
팩시밀리 572-2830

ISBN 978-89-7775-809-4 03910
값 10,000원